Anonymous

Über die Pflege des idealen Vermögens auf Gymnasien

Anonymous

Über die Pflege des idealen Vermögens auf Gymnasien

ISBN/EAN: 9783337336141

Hergestellt in Europa, USA, Kanada, Australien, Japan

Cover: Foto ©Lupo / pixelio.de

Weitere Bücher finden Sie auf **www.hansebooks.com**

Zu der

öffentlichen Prüfung der Schüler

des

Real-Gymnasiums

zu

Rendsburg
am 22. und 23. März 1869, 9 Uhr,

ladet geziemend ein

der

Director

Dr. P. S. Frandsen,

Professor, Ritter des Dannebrog-Ordens dritter Classe.

Rendsburg.
Druck von H. Güllein.
1869.

Ueber

die Pflege des idealen Vermögens auf Gymnasien.

Auf keinem Gebiete der menschlichen Geistesthätigkeit findet sich betreffs der Terminologie so viel Eigenthümliches, wie auf dem der Philosophie. Denn während die exakten Wissenschaften sich von je mehr oder minder so feststehender, gesicherter Begriffsbezeichnungen zu erfreuen haben, daß die Erwägung der universalen Verständlichkeit, z. B. der mathematischen Zeichensprache einen Leibnitz den kühnen Plan zur Schöpfung und Herstellung eines Analogons in einer dem täglichen Verkehr dienenden Weltsprache fassen lassen konnte, leidet die Philosophie bis auf diese Stunde auf das Peinlichste unter dem Mangel all' und jeder genauen, allgemein gültigen Terminologie.

Schon der Terminus für diese Wissenschaft selbst — einem wie bunten Inhalte muß er sich zum Dienste verschreiben! Während Worte wie Theologie, Jurisprudenz, Physiologie, Arithmetik, Astronomie ꝛc. scharf begrenzte Wissensgebiete bezeichnen, wie schwankend und bis in diametralen Gegensatz sich verlierend sind da die Materien, die man im Laufe der Jahrhunderte Philosophie genannt hat und noch nennt! Von ihren ersten, rohesten Anfängen an, von den orphischen Theogonisten und ionischen Physiologen bis zu den kühnsten, ungeheuerlichsten philosophischen Gebilden, dem subjectiven Idealismus eines Fichte, dem Identitätssystem eines Schelling, dem absoluten Idealismus Hegels und barüber hinaus bis zu dem Materialismus unserer heutigen Geognosten würde sich schwer wohl nur ein einziger Denker von Bedeutung aufzeigen lassen, der nicht der Philosophie ihr eigenes Gebiet anzuweisen und ihr seinen specifischen Inhalt einzugieben hätte. Während Pythagoras (Cic. Tusc. V, 3. Diog. Laërt. I, 12; VIII, 8) sich noch begnügt, schon einem nur der astronomisch-philosophischen Erkenntniß der im Weltall herrschenden Ordnung Ergebenen die Bezeichnung eines φιλόσοφος zu prädiciren, faßt Plato (Euthydem. p. 288 D) den Begriff der φιλοσοφία bereits als Κτῆσις ἐπιστήμης und zwar mit der ausdrücklichen Beschränkung, daß er diesem philosophischen Wissen lediglich das Bereich des Ideellen vindicirt und erweitert ihn Aristoteles geradezu zu der Wissenschaft der Principien (Metaph. I, 2),

1

indem er ihr Object das reine Sein (τὸ ὄν, ᾗ ὄν Metaph. VI, 1), die obersten Gründe alles Daseins sein läßt. Die Stoiker aber und noch mehr die Epicureer identificiren mit fast vollständiger Vernachlässigung des theoretischen Momentes die Philosophie mit der Ethik, indem jene sie als das Streben nach Tugend, diese als das nach Glückseligkeit sie definiren, als ihr Organ also obendrein nicht das Wissen zumeist, sondern das Wollen setzen (Senec. e. p. 83, 7. philosophia studium virtutis est sed per ipsam virtutem). Und die neuere und neueste Philosophie versagt es sich nicht, die bunte Reihe dieser Definitionen nach Kräften zu erweitern. Ist sie nach Hobbes die Erkenntniß der Phänomene aus den Ursachen und hinwiederum der Ursachen aus den beobachteten Wirkungen vermittelst richtiger Schlüsse mit dem Ziele diese Wirkungen vorauszusehen und von dieser Voraussicht Gebrauch zu machen im Leben, also eine Wissenschaft von rein praktischer Abzweckung, so ist sie nach Baco von Verulam und überhaupt der ganzen englischen und schottischen Philosophie sammt dem französischen Sensualismus und Materialismus des 18. Jahrhunderts so ziemlich das Gleiche, aber während sie bei jenem ausschließlich politische Verwerthung findet, verwendet sie dieser nur zur technischen Erfindung. Gibt ihr dagegen Kant eine lediglich theoretische Tendenz wieder, schränkt sein Kriticismus nur die Erkenntnißobjekte der Philosophie auf den Erfahrungskreis ein, nicht aber ebenso ihre Erkenntnißmittel und definirt er sie demgemäß als die Wissenschaft von der Beziehung aller Erkenntniß auf die wesentlichen Zwecke der menschlichen Vernunft (Krit. der reinen Vernunft, Methodenl. 3. Hauptst.), so begnügt sich Herbart, sie kurz als Bearbeitung der Begriffe zu bestimmen (Einleit. i. d. Philos. § 4 A); Hegel aber, Alles und Alle überbietend, nennt sie geradezu das Denken der absoluten Wahrheit oder die sich denkende Idee, die sich wissende Wahrheit, die sich selbst begreifende Vernunft.

So jagen sich in der Geschichte Weltweisheit schon betreffs dieses einen und ersten Terminus die Definitionen; eine löst die andere ab, um einer neuen wiederum Platz zu machen und leicht ließe sich dieses drastische Spiel noch drastischer gestalten, wollte man sich die allerdings wenig erquickliche Mühe geben, alle hierher gehörigen Productionen, einschließlich der materialistischen Doktrinen, mit ihren ganz besonderen Limitationen aufzuführen.

Dennoch, so einzig auch diese Erscheinung ist, daß also eine Wissenschaft nach Jahrtausende langer angestrengter Arbeit der besten Köpfe für ihre Bezeichnung einen adäquaten Inhalt nicht zu setzen und zu fixiren vermag, so zeigt sich das Eigenthümliche betreffs der philosophischen Terminologie noch auffallender in der Bestimmung der einzelnen philosophischen Begriffe oder besser in der Subsumirung oft der heterogensten philosophischen Materien unter denselben Terminus. Gebrauchen die Stoiker die Bezeichnung Logik für die Lehre von den λόγοις, so ist sie nach Baco und den englischen Sensualisten die Lehre von der auf Wahrheit gerichteten Erkenntniß und die Hegelsche Schule identificirt sie geradezu nach dem Vorgange ihres Meisters mit Metaphysik, läßt sie die Wissenschaft des Absoluten in der Form dialektischer Entwickelung, die sich selbst zeugende und setzende Wahrheit sein. Versteht Spinoza unter Substanz das, was in sich ist und aus sich zu begreifen und gibt es nach ihm nur eine Substanz, Gott und alles Andere ist Accidenz, wesenlos, Schein, so verstehen Descartes, Leibniz, Herbart und auch die Atomistiker unter eben diesem Ausdruck, ein jeder freilich wieder in seiner Weise, so ziemlich das gerade Gegentheil. Jedenfalls gibt es nach ihnen eine unendliche Vielheit von Substanzen, während der Engländer Locke ihr jegliche Erkennbarkeit, also überhaupt die Zulässigkeit der Begriffsbestimmung abspricht. Was die Einen Nominalismus nennen, heißt bei Anderen und zu anderer Zeit Realismus und umgekehrt, ja, ein und derselbe Philosoph kann, wie das bei Kant sattsam zu Tage tritt und so leicht Mißverständnisse seines Philosophems verursacht, Begriffe, deren Sphäre er scharf gegeneinander abgrenzen möchte und abgegrenzt wissen will, mit demselben Worte bezeichnen; es sei nur an seine Definition von Vernunft erinnert, nach der sie ihm bald die ganze Erkenntniß umfaßt, bald nur das Vermögen für die Ideen.

Weit entfernt aber, den Erklärungsgrund für diese Erscheinung in dem Unvermögen der philosophischen Doctrin und ihrer Pfleger für scharfe Begriffsbestimmung suchen und damit gegenüber der exakten Wissenschaft ihre geistige Inferiorität begründen zu wollen, dürfte er lediglich in der Sache selbst zu finden sein. Denn während diese letzteren nur Gegebenes bearbeiten, in der Erscheinungswelt ihren Inhalt bereits vorfinden und damit die feste Basis für ihre Denkoperationen, kurz, während die exakten Wissenschaften für ihre Resultate nur des formalen Denkens bedürfen, zielt die ganze Philosophie auf jenseit des Sichtbaren und Wägbaren liegende Objekte, auf eine noch unentdeckte Welt voll zunächst imaginärer Größen, deren Dasein sie erst, je nachdem sie positiver oder negativer Tendenz, d. h. Idealismus oder Materialismus ist, vermittelst des reinen Denkens setzen oder verneinen will; daß aber solche Entdeckungsreise nicht ohne Irrfahrten zurückzulegen ist, liegt auf der Hand, es müßte denn nicht der Schiffer der schwache Mensch sein, das Steuer sein Wille, sein Verstand das Segel und der Wind, der es schwellt, der Geist der Zeit.

In welchem Zusammenhange steht aber diese ganze Exposition zu dem Thema: Ueber die Pflege des idealen Vermögens auf Gymnasien? In keinem anderen, als daß sie uns die Berechtigung verleihe, dem Terminus „ideales Vermögen" den unserem Zwecke entsprechenden Inhalt zu verbinden; denn auch betreffs dieses Terminus hat es die Philosophie zu einer einheitlichen Bestimmung nicht gebracht. Ist das ideale Vermögen jedenfalls das Vermögen für das Ideale, wie das Sehvermögen das für das Sichtbare, wie differiren die Auffassungen, sobald es gilt, der Verbal- die Realdefinition hinzuzufügen? Was Alles haben die Menschen von je unter dem Worte „ideal" sich gedacht und was Alles denken sie noch darunter? Vermögen die Einen ihm nur eine ästhetische Beziehung zu geben und können ihm nur für das Gebiet der Kunst einen Sinn abgewinnen, so ist es für die Andern ein rein philosophischer Terminus und wollen ihn nur in Metaphysicis verwendet wissen; nennen die Einen ideal das, was sein sollte, aber nicht ist und nie in die Wirklichkeit tritt, so bezeichnen die Anderen damit das, was ihrer Ansicht nach allein wahrhaft wirklich ist, das Transscendente; verlachens Etliche als reine Fiktion des erkrankten Gehirns, so verehrens Viele als die höchste, reine, absolute Wahrheit.

Was soll es uns bedeuten und was das Vermögen für das Ideale?

Die Antwort liegt in nuce schon im Thema! Wird nach der Pflege des idealen Vermögens auf Gymnasien gefragt, so wird nicht leicht Jemand wenigstens für die Pflege desselben im ästhetischen Interesse ein plaidoyer erwarten; Gymnasien sind keine Kunstschulen und wollen keine Kunstenthusiasten erziehen und solche Forderung stellt auch Niemand an sie; der letzte Zweck des Gymnasiums ist ein anderer, höherer; sein Begriff, worüber des Weiteren unten, bedingt die Anwendung des Wortes „ideal" in einem specifisch philosophischen Sinne. Und in welchem?

Die ganze Geschichte der Philosophie faßt zwar übereinstimmend das Ideale gleichbedeutend mit der Welt der Ideen; wie viel Philosophen den Begriff für ihr Denken brauchten und verwertheten, das Ideale ist ihnen sammt und sonders die Welt der Ideen; aber auch betreffs dieses Terminus bewegen sich die Definitionen in den härtesten Gegensätzen und es fragt sich, welche von den historisch gegebenen und überhaupt möglichen die einzig für unseren Zweck verwend- und verwerthbare ist. Soll

1*

hier der platonische Begriff der Idee zur Verwerthung kommen, so daß den Schülern die platonische Weltanschauung mit all' ihrem phantastischen Beiwerke und Aufputze zur Aneignung wieder zugemuthet würde, oder der gegentheilige etwa eines Hume, nach dem die Ideen nicht Urbilder, sondern Abbilder des Seienden, Copien von den Wahrnehmungen sind, der eines Descartes oder Spinoza oder Locke oder auch Herbart, nach denen, bei Jedem modificirt, er mit Verlust alles Concreten zum reinen Abstraktum, gleichbedeutend mit Begriff, Vorstellung, herabgedrückt wird, oder der eines Kant oder Hegel oder Schoppenhauer, die, obwohl ebenfalls mit den bemerkenswerthesten Abweichungen unter einander, doch, ähnlich Plato, dem Worte einen concreten, wesenhaften Inhalt wiederum einflößen? Kurz, soll das Wort Idee für unsere Untersuchung den Sinn haben, daß es nur dient zur Bezeichnung eines subjektiven Vorganges in uns, wie etwa die Aneignung von außen an uns herantretender Vorstellungen und Anschauungen, kurz, der Begriffswelt, oder, daß es dient zur Bezeichnung einer ganz eigenen, selbstständigen, über die unsrige weit hinausliegenden, höheren Daseinsphäre, einer Welt für sich? Der Entscheid hängt, wie gesagt, ab von der Bestimmung des Begriffs Gymnasium und von seinem Zwecke. Daß wir es aber hier andeutungsweise im Vorweg sagen: Der Begriff des Gymnasiums und seine ganze Zweckbestimmung gebietet geradezu den Gebrauch des Terminus Idee im letzteren Sinne, also einer eigenen Daseinsphäre, einer Welt für sich! Oder anders: Soll betreffs der Gymnasten die Rede sein von der Pflege des idealen Vermögens im Schüler, so hat solche Rede nur einen Sinn und Berechtigung, wenn der Begriff Ideal, der Begriff Idee im Anschluß vornehmlich an Plato und Kant, überhaupt an alle Idealphilosophen, Fichte, Schelling, Hegel ꝛc., eine rein transscendente Bedeutung bekommt, mit kurzem Worte, dienen soll zur Bezeichnung des Unsichtbaren gegenüber dem Sichtbaren, des Ewigen gegenüber dem Zeitlichen, des Geistigen gegenüber dem Leiblichen, Alles in Allem Gottes gegenüber der Welt; so daß mithin die Frage nach der Pflege des idealen Vermögens nichts mehr und nichts weniger besagen will, als die nach der Pflege des Vermögens für das Transscendente, Unsichtbare, Unsinnliche, Geistige, Ewige, im eminenten Sinne, Göttliche, des Vermögens für Gott.

Was aber ist das für ein Vermögen im Menschen? Wie ist sein Name? Ist's das Auge, das Ohr, kurz die Sinnlichkeit? Das wäre eine contradictio in adjecto, dem sinnlichen Kraft zuschreiben für das Unsinnliche, für Gott! Oder ist's der Verstand? Auch der Verstand reicht dazu nicht aus; sein Gebiet ist nach der Uebereinstimmung Aller das der möglichen Erfahrung; hier hat er zu arbeiten, hier nach der ausdrücklichen Bestimmung eines Hume, eines Kant, Jakobi, Schoppenhauer den Stoff, den die Sinne und die Erfahrung liefern, zu verbinden, umzustellen, zu erweitern oder zu vermindern, die gegebenen Vorstellungen auf Begriffe zu bringen, kurz zu abstrahiren; aber seine Thätigkeit auf die Erkenntniß, auf das Erfassen der idealen Welt, der Welt des Geistes, Gottes auszudehnen, hieße wiederum eine contradictio in adjecto setzen; denn die ideale Welt, im letzten Sinne Gott, ist eben kein Gegenstand der äußeren Erfahrung, kein Object sinnlicher Wahrnehmung, darum auch nicht diesem Geistesvermögen zur Bearbeitung, zur Bestimmung seines Begriffs unterzubreiten, wie viel auch hierin gesündigt wird und oft mit viel Schein und Blendwerk und wie schwer es auch dem Menschen oft ankommt mit seinem zuweilen recht verkümmerten Gehirne sich nicht in die Region der idealen Welt versteigen und diese Ueberschwenglichkeit nicht nach Lust und Laune in seinen knappen Kopf zwängen zu sollen. Der Verstand ist und wird's in alle Ewigkeit bleiben das Vermögen der Abstraction, das Vermögen der Begriffe, nicht mehr und nicht weniger.

Was ist also das ideale Vermögen im Menschen, die Kraft für die ideale Welt, für Gott und göttliche Dinge?

Gehabt und bewahrt bis in den Tod haben's Viele, Pythagoras, Sokrates mit seiner Sterbensfreudigkeit, Plato, der sittenstrenge Idealist, kurz Alle, deren Liebe nicht dieser Welt gehörte, sondern dem Unsichtbaren, Ewigen, Gott, ganz zu geschweigen der reichen großen Christenschaar; genannt in dem ihm eigenthümlichen, ihm allein gebührenden Sinne genannt, nur Wenige. Es ist der „νοῦς" des Aristoteles, es liegt in der „πίστις" der heiligen Apostel, es ist die „γνῶσις" der Gnostiker, es ist „der Grund der Seele" der Mystiker, es ist der „Glaube" Jacobi's, es ist die „intellectuelle Anschauung" Schelling's, es ist die „Vernunft" Kant's.

So wären wir denn so weit gekommen, die Frage nach der Pflege des idealen Vermögens auf Gymnasien gleichsetzen zu dürfen, mit, — um uns nun der kantischen Terminologie, als der geläufigsten und darum verständlichsten zu bedienen — mit der nach der Pflege der Vernunft.

Gibt's aber eine Vernunft, d. h. haben wir auch das Recht, von dem objectiven Vorhandensein eines solchen Vermögens für das Ideale im Menschen überhaupt zu reden?

Könnte der Autoritätsglaube hier von Beweiskraft sein, so wäre der Beweis schon geliefert. Es sind wahrhaftig nicht schlechte, zu verachtende Zeugen, ein Sokrates mit seinem zum Selbstbewußtsein gewordenen Gottesbewußtsein (δαιμόνιον); ein Plato mit seinem unzerstörbaren Sinne für das Ideale; ein Aristoteles mit seiner für ihn zum Wissen gewordenen Ueberzeugung, daß auf das begriffliche Wesen der Erfahrungsobjecte (τὶ ἦν εἶναι τῶν οὐσιῶν Metaph. VII. 4) die ἐπιστήμη (der Verstand) gebe, auf die Gottheit aber der νοῦς; ein Origenes mit seinem reichen Geiste; die Mystiker mit ihrer tiefen Weise die Dinge zu betrachten; ein Jakobi, ein Kant, ein Fichte, gar nicht zu reden von den heiligen Aposteln! Was hat sie erhoben eine Haupteslänge über die Uebrigen, was hat ihnen ihre ewige, unvertilgbare Bedeutung gegeben? Nicht ihre singulären Leistungen für das oder jenes Wissen, für die oder jene Weisheit; die sind längst überboten, da wären diese Männer nur noch von antiquarischem Interesse; sondern daß sie als Typen der Menschheit dastehen, den Begriff Mensch voll und ganz in sich darstellend, im Leben und im Sterben sich erwiesen und bekannten als Wesen, angehörend höherer Ordnung, den Sinn auf das Ideale, Ueberirdische gerichtet, auf Gott, kurz, daß sie sich als vernunftbegabte Wesen bekannten, die ihr Wissen lebten und ihr Leben wußten, das hat sie in der Welt hoch gemacht und aufgestellt wie Marksteine, die die Menschen immer wieder unter dem Schutte hervorsuchen werden, um die von Zeit zu Zeit aus Rand und Band gehende Welt daran zu reguliren. Einem Voltaire z. B. wird solche Ehre nie zu Theil werden. Daß er sich nicht überzeugen konnte, daß eine unräumliche Substanz wie ein kleiner Gott inmitten des Gehirnes wohne und darum geneigt war, die substantielle Seele für eine „abstraction réalisée" zu halten, gleich der antiken Göttin Memoria oder gleich einer Personification der blutbildenden Kraft, und daß er sich auf diese seine Unfähigkeit für die Ueberzeugung von dem Vorhandensein jeglichen Idealen in ihm nicht wenig zu Gute that, das Alles wird um der Geistreichigkeit willen, mit der er seine Weisheit zu Markte trug, ihm wohl auch seinen Platz bei den Menschen sichern, aber ein Ehrenplatz wird es gewißlich nicht sein und nie werden, und noch mehr wird das seinen Zeit- und Gesinnungsgenossen, einem Lametrie oder Holbach und auch den neuesten Koryphäen dieser Gattung, einem Louis Büchner oder Carl Vogt geschehen. Wir sagen es noch einmal: Nicht die eminentesten Leistungen in Kunst und Verstandesarbeit jeglicher Art machen die Menschen ehrwürdig in der Welt und stellen sie auf als ihre Vorbilder für alle Zeit, das thut allein das Maß des idealen Vermögens in ihnen. Die Bedeutung des Sokrates wäre nicht diese gewaltige fast übermenschliche geworden, wenn wir nur seine Lehre hätten und nicht sein Leben und zumeist seinen Tod; der hat ihn erst wahrhaft groß gemacht und daß er so sterben, so sieghaft sterben konnte, die Kraft dazu gab ihm sein überaus starkes Vermögen für das Ideale, die ideale Welt, für Gott.

Und doch, so hohe und herrliche Zeugen sich auch darstellen für das Dasein der Vernunft im Menschen, wissenschaftliche Würde kann ein bloßes Zeugniß und wären's die Besten, die es ablegten, einem Gegenstande nicht verleihen; die giebt nur der wissenschaftlich geführte Beweis! Bewiesen werden muß das Dasein der Vernunft im Menschen bis zur Evidenz eines mathematischen Satzes, soll die Rede von der Existenz derselben in uns die Kraft eines objectiven und umstößlichen Rechtes erhalten. Und läßt es sich beweisen? Des Beweises fähig ist nur, was sich demonstriren läßt, und demonstriren läßt sich die Vernunft nicht. Es ließe sich zwar sagen: wie wir aus der Wahrnehmung des Sichtbaren außer uns auf ein Vermögen für das Sichtbare in und an uns, auf das Sehvermögen schließen und aus der Wahrnehmung des Hörbaren auf ein solches für das Hörbare, das Hörvermögen, und aus dem Dasein der Begriffe in uns auf ein Vermögen für Begriffsbildung, den Verstand, so folge auch aus dem allgemeinen Vorhandensein der Ideen in uns, der Idee der Seele, der Idee des Geistes, der Idee Gottes, das Vorhandensein eines Vermögens für die Ideen in uns, der Vernunft, und auch der etwaige Hinweis auf die Vielen, die über die Erde gehen, ohne von Vernunft eine Regung in sich zu spüren, ja die nur zu oft über die sogenannten Vernünftigen, dem Idealen, Göttlichen Zugewandten, die Lauge wohlfeilen Witzes ausspeien, ließe sich als ein durchaus hinfälliger Einwand gegen das Dasein der Vernunft im Menschen abweisen mit demselben Hinweis auf eben so Viele, die ihr Leben ohne Gesicht oder Gehör oder Verstand hinbringen, und auf die noch viel größere Zahl derer, die betreffs dieser Vermögen so krankhaft genaturet sind, daß ihre Wirksamkeit oft so ziemlich gleich Null ist, aus welcher Erscheinung doch gewiß Niemand auf die Nichtexistenz derselben im Menschen überhaupt induciren wird. Aber die Kraft stricten Beweises hätte das Alles doch nicht; höchstens die des Nachweises. Es kann solche Erwägung den bereits Vernünftigen wohl noch gewisser machen in seiner Freude über seinen Besitz, den Vernunftlosen aber zur Vernunft wird sie eben so wenig bringen, wie den Blinden das Malen der Farbe zum Gesicht.

Also demonstriren läßt sich die Vernunft nicht! Wissen, ob uns solches Vermögen innewohnt, ob wir vernunftbegabte Wesen sind in dem Sinne, wie sich die Congruenz zweier Dreiecke aus der Uebereinstimmung eines Winkels und der dem Winkel gegenüberliegenden Seite wissen läßt, dazu uns zu verhelfen, hat noch Keiner vermocht und der Versuch wird auch nie gelingen. Wie es im Begriffe Gottes liegt, indemonstrabel zu sein, was schon Aristoteles (Anal. post. I, 1 II, 2) so richtig erkannt und betont hat, ebenso liegt es im Begriffe der Vernunft. Eben weil die Objecte der Vernunft und als letztes und höchstes Gott nicht in unser Wissen fallen, also möglicherweise nicht existent sind, muß ja auch das reale Dasein des Vermögens für diese fraglichen Objecte selbst fraglich sein. Und das ist kein Verlust! Im Gegentheil — was der Mystiker Eckhart so wunderbar tief und wahr sagt: Das Dasein Gottes beweisen zu wollen, heißt im Grunde Nichts anderes als die Religion des Menschen unsittlich machen", würde die gleiche Anwendung betreffs des Beweises des Daseins der Vernunft gestatten! Auch hier gälte: Das Dasein der Vernunft beweisen zu wollen, heißt Nichts anderes als den Menschen unvernünftig machen zu wollen. Wie die Religion am Menschen erst etwas Sittliches wird durch seinen eigenen freien Entschluß religiös sein zu wollen; erst sittlich wird, wenn der Mensch, fern von allem äußeren und innerem Zwange, von Gewaltmaßregeln und Verstandesbeweisen sich selbst bestimmt, an einen Gott glauben und dem dienen zu wollen, trotzdem, daß sich dieser Gott nicht be- weisen läßt, also trotz der Möglichkeit seiner Nichtexistenz überhaupt; kurz, wie sie erst sittlich wird durch seine eigene freie That, — so ist auch die Vernunft am Menschen erst ein Schmuck, erst seine wahre Würde, hebt ihn heraus über das Thier, über das Reich des Zwanges nnd der Nothwendigkeit, der sittlichen Gebundenheit hinein in das Reich der wahren Freiheit, macht ihn zu einem Wesen höherer Gattung durch seinen Entschluß vernünftig sein, sich für ein vernünftiges, für das Ideale angelegtes Wesen halten zu wollen. Ließe sich die Vernunft beweisen, so müßte Jeder sie aufnehmen, Keiner könnte sie abweisen, sie übte Zwang, wie der Verstand mit seinen Beweisen Zwang übt auf den Men- schen, oder der niedere Trieb auf das Thier; der Mensch müßte ihrer Forderung gehorchen, müßte seinen Sinn richten auf ihre Objecte, das Ideale, aus einem freien Wesen wäre er begradirt zu einem unfreien, wiederum zum Thiere, aus seiner Hoheit zur Knechtschaft; es wäre ihm sein wahres Wesen genommen, eben die Freiheit, die freie Selbstimmung. Nein, wenn der Mensch sich noch entscheiden darf für die Vernunft oder dagegen, entscheiden darf, ob er sich für vernunftbegabt halten will oder nicht, für ein Wesen, angelegt für eine andere, höhere Welt, dann erst steigt er empor aus diesem niederen vergänglichen Dasein, dann erhebt er sich erst um Haupteslänge über seine Mitgeschöpfe, die Thiere, dann erst hat er die rechte Weihe, den rechten Schmuck; in freier That erwirbt er sich sein höheres Sein, die höhere Welt. D'rum wie gesagt, wie sich die Vernunft nicht beweisen läßt, so darf sie sich auch nicht beweisen lassen, soll sie Vernunft bleiben. Um zur Vernunft zu kommen, mu̇ß man sich eben entschließen Vernunft zu haben. Es gibt keinen anderen Weg, hier ist die erste und letzte Instanz der Mensch, das wollende und wählende Subject selbst; mitwirkend solchen Entschluß zu fassen kann wohl Vieles sein, aber den Ausschlag gibt allein der Mensch. Es ist die einzige Region, in der sich sein Wille frei bewegen kann.

Ich will mich zur Erhärtung dieses nicht auf das schlüpfrige Terrain der aprioristischen Con- struction begeben; da baut sich nur zu leicht ein lustiges Haus zusammen; der empirische Weg ist hier sicherer, die Erfahrung liefert den besten Beweis. Dem Blinden stelle man noch so farbenschillernde Bilder vor die Augen, dem Verstandesbeschränkten noch so deutliche, klare Begriffe, ihr Wille mag sich noch so sehr anspannen und abarbeiten sehen, begreifen zu wollen, zum Sehen, zum Begreifen kommen sie dadurch nicht. Dagegen, man stelle dem unidealen, ins Materielle versunkenen Menschen die Ideen vor, man rede ihm von Gott, von Seele, von Unsterblichkeit, er braucht nur zu wollen und er kann sie in sich aufnehmen, sie sich zueignen, in freier Willensbestimmung sich für sie entscheiden und für ein ideales Leben, sich entscheiden, in Zukunft Vernunft haben zu wollen. Das Wollen, das freie, formale Wollen hat er, ein Jeder, auch der Gesunkenste; das Vollbringen freilich, das kann fehlen. Was Fichte von der Wahl der Philosophie sagt: „Was für eine Philosopie man wähle, das hängt davon ab, was man für ein Mensch ist", das wird eben mutatis mutandis auch hier gelten, in dem Wollen wollen liegt der Differenzpunkt.

Trotzdem also das Dasein der Vernunft als nothwendiges Accidenz im Menschen wissenschaftlich sich nicht beweisen läßt und die Annahme dieses Vermögens in ihm eine Täuschung sein kann, um der Möglichkeit halber, daß die Annahme einer idealen Welt, einer Welt des Geistes, Gottes selbst auf Täuschung beruht, jedenfalls kritisch betrachtet, der Existenz des Vernunftvermögens nur der Werth einer Hypothese gebührt, wie läßt sich trotz alledem rechtfertigen, von der Pflege des idealen Vermögens auf Gymnasien zu reden, ja dieselbe als unabweisbares Postulat zu fordern? Man könnte antworten, der Staat oder das Lehrercollegium oder wer sonst will die Zöglinge dieser Anstalten vernünftig haben darum, weil es an ihnen Menschen und nicht Thiere haben will. Das hieße aber die ganze Frage zu einer Machtfrage stempeln; die rechtliche Begründung für das Postulat fehlte doch; die ganze Forderung schwebte zuletzt doch nur ohne reelle Basis in der Luft, und auch mit Opportunitätsgründen vorzugehen, etwa mit Kant zu sagen, obgleich es nicht nöthig sei das Dasein Gottes zu demonstriren, so sei es doch durchaus nothwendig, daß man sich davon überzeuge und die Einpflanzung dieser Ueberzeugung von dem Dasein einer idealen Welt in die Köpfe und Herzen der Schüler den Gymnasien zur Pflicht zu machen, damit auch sie nach ihrem Theile und nach ihrer Kraft mit hülfen den Kitt zu bereiten, der ja freilich im letzten Grunde die Welt in den Fugen hält und die in die Stücke zerfallende immer wieder zum Ganzen formt — auch das wäre ein schlechtes Mittel zum Zweck; ein rechtliches Motiv zur Forderung läge nicht vor.

Also, warum ist die Pflege des idealen Vermögens auf Gymnasien ein unabweisbares Postulat für diese selbst? Die Antwort ist schon oben angedeutet. Das Gymnasium trägt das Recht, ja die Pflicht zu dieser Forderung in sich selbst! Das Gymnasium muß seine Zöglinge vernünftig, muß an ihnen Menschen und keine Thiere haben wollen, das fordert sein Begriff. Denn es ist ja bis auf den heutigen Tag seiner ganzen Anlage und seiner ganzen Tendenz nach eine Anstalt für das Ideale; nächst der Kirche die Anstalt für das Ideale κατ' ἐξοχήν; seine ganze Existenz und Lebensweise beruht auf der Voraussetzung einer idealen Welt, einer Welt höherer Zwecke, einer Welt des Geistes. Oder wäre das nicht? In die Reihe der Fachschulen gehört es doch nicht und ist wohl auch noch von Niemandem dahinein rubricirt worden. Die Tüchtigkeit für's praktische Leben aber als seinen letzten Bildungszweck hinzustellen, geht auch nicht! Wäre er das, dann möchte der Weg, den es seine Zöglinge zum Ziele führt, gewiß der verkehrteste und weiteste sein, der sich überhaupt beschreiben ließe. Anstatt die zukünftigen Mediciner Mineralogie, Botanik, Pharmacopie, Osteologie, vergleichende Anatomie und die andere Propädeutik ihrer einstigen Kunst in geordneter Aufeinanderfolge zu lehren, verpraßte es ihre so kostbare Zeit und Kraft mit dem Betriebe von allerhand Dingen, die eher für alles Andere von Nutzen sein möchten, als für einen späteren Arzt; anstatt ihn sobald wie möglich in seine Zeit, in die klimatischen Verhältnisse seines Landes, in die Krankheiten seiner Umgebung und ihre Symptome, die Lebensart seiner Mitmenschen ꝛc. einzuführen, um nicht früh genug seinen Blick und sein Verständniß für seinen kommenden Beruf zu schärfen, vergeudete man die um der kräftigeren und zäheren Perception willen so theure Zeit der Jugend unwiederbringlich, sie auf einer für ihre Wissenschaft mehr als mageren Weide einer längst entschwundenen Zeit und ganz anders gesitteten und gearteten Menschheit umhertreibend und was von den einstigen Jüngern der Medicin, das Gleiche gälte auch von denen der Jurisprudenz, der Theologie, der Mathematik, kurz jeder praktischen Wissenschaft.

Und endlich etwa in der formalen Verstandesbildung, die das Gymnasium seinen Zöglingen mit jahrelanger, saurer Arbeit für das spätere Leben mitgibt, seine Aufgabe und seine Bedeutung zu sehen und zu suchen, hieße nichts mehr und nichts weniger, als dieser Gattung Bildungsanstalten das Todesurtheil fällen. Für unsere so rasche Zeit wäre dieser weite Weg zum Ziele eine mit Recht antiquirte Erscheinung. Denn, gibt es auch sicherlich für den menschlichen Verstand keine kräftigere Zucht als die durch die Grammatik, zu was, ist die formale Bildung des Denkvermögens der vornehmste Zweck des

Gymnasiums, diesen Zweck auf so weiten Abwegen, durch die äußerst langwierige Erlernung von todten Sprachen, von Latein und Griechisch verfolgen, anstatt die auch hierzu so herrlich geartete Muttersprache einzig und allein zu verwerthen? Ja, zu was dann die Schüler über die Gebühr zurückhalten, zu was die oberen Classen, für die doch dieses Ziel bereits erreicht sein soll und auch erreicht ist? Und was die Hauptsache! Die so erworbene formale Verstandesbildung, wäre sie zuletzt doch nicht von recht zweifelhaftem Werthe für das tägliche, praktische Leben? Das Denken des Lebens ist ja nun einmal erfahrungsmäßig ein durchaus anderes, als das Denken der Schule; die tüchtigsten Denker hier, sind nicht auch die tüchtigsten Denker dort; die Unfähigkeit der Gelehrten für die Praxis ist nicht so ohne alle Wahrheit sprichwörtlich geworden; es hat und es verlangt eben jeder Beruf seine eigene Art zu denken.

Wenn es sich also durchaus nicht thun läßt, das Gymnasium ohne die gefährlichsten, seine ganze Existenz tiefstverletzenden Inconvenienzen in einen dieser genannten Zwecke einzuordnen, welch' anderer Platz kann ihm noch gebührender Weise angewiesen und zugesprochen werden, als der allerdings unendlich erhabenere, in ihm nicht eine bloße Zuchtanstalt für späteren Broderwerb zu sehen, seinen Werth nicht nach dem niedrigen Maßstabe der gemeinen Nützlichkeit messen zu müssen, seine Bedeutung und Würde nicht in seinen Leistungen, sondern in seiner Tendenz finden, kurz in ihm die Anstalt begrüßen zu dürfen, die sich mit Bewußtsein und Willen in den Dienst des Idealen stellt. So nur läßt sich der Weg begreifen, den es seine Zöglinge führt, so nur der Plan, nach dem es ihre Bildung leitet und bereitet. Nun kann es getrost die Verantwortung übernehmen für die vielen und besten Jahre, die es seinen Schülern von ihrem Leben nimmt für ein uninteressirtes, zunächst nur um seiner selbst willen betriebenes Studium, ihnen nimmt für das Erlernen so vieles Hohen und Herrlichen, aber im letzten Grunde Nutzlosen, für das Einführen in die längst todte Welt der Griechen und Römer; denn es ist das Alles dann ein heiliges Opfer, gebracht dem Leben des Geistes. Nun kann es getrost, ohne an sich selbst zum Lügner zu werden, sich das Recht zusprechen, auf die idealen Berufe des Lebens, den Beruf des Richters und des Predigers vorzubereiten. Wenn es sich begreift als eine Anstalt im Dienste des Idealen darf es endlich, aber auch nur dann, sich erlauben, die Religion, als das Bekenntniß zum Idealen im eminenten Sinne, in die Reihe seiner Unterrichtsfächer zu stellen.

Um das ganz klar herauszustellen! Man setze doch einmal das Gegentheil! Man setze das Gymnasium mit der ausgesprochenen Tendenz auf den Materialismus, denke es mit der Erlaubniß und nicht blos mit der Erlaubniß, sondern mit dem Gebot, das Leugnen des Geistes, Gottes, kurz der idealen Welt in seinen Sälen zu verkündigen und wir fragen, ob es nur noch für einen Tag, für eine Stunde das Recht hätte in seiner jetzigen Weise, mit seiner jetzigen Art seine Zöglinge zu bilden und zu erziehen, zu leben. Jede Religionsstunde, die darinnen gehalten würde, wäre ein Hohn auf es selbst. Alles, was in ihm vorgetragen und gelehrt würde ohne den ausgesprochenen Zweck auf das lediglich Nützliche und die Lust, das Erlernen todter Sprachen, das Lesen der Classiker, der deutschen und der fremden, der Betrieb der Geschichte, kurz, Alles dessen, was zur Zeit dem Gymnasium gerade seine ganz besondere Würde und Weihe gibt, wäre ein Aergerniß, gegeben dem Geiste der Anstalt. Die Rede von Recht und Sitte, von Ehre und Anstand, von Liebe und Treue, von allem Schönen und Hohen, was in der Brust der Jugend zu hegen und zu pflegen und edle Begeisterung dafür zu erwecken jetzt noch sein heiligstes Geschäft ist, es wäre ein thörichtes, verstand- und sinnloses Geschwätz.

Denn hält Einer dafür: Es gibt keinen Geist, kein ideales Sein, nur diese Welt der Sinne

2

hat Wirklichkeit und Leben, nur was Fleisch ist, ist Wahrheit und alles Andere Täuschung oder Trug, kurz, die materialistische Weisheit ist allein die rechte und alle andere verkehrte und schlechte; hält's Einer mit dieser Weisheit, für den ist doch die einzig richtige Norm, die einzig berechtigte Maxime: Das Wohlsein meines fleischernen Ich und wäre darum Vater und Mutter, Weib und Kind, Freundschaft und Liebe und was sonst dem Menschen werth und theuer sein mag, in die Schanze zu schlagen, das Wohlsein meines fleischernen Ich um jeden Preis! Huldigt er diesem Canon nicht, hat er noch einen idealen Zug im Leben und ist doch mit Grundsatz material in seinem Denken, so weiß er nicht, was er thut, er begreift sich selber nicht.

Darum, hätte das Gymnasium in Thesi nicht die Tendenz auf das Ideale, während es doch in Praxi auf das Eifrigste ihm dient, so möchte es schwerlich zu viel gesagt sein, es die Anstalt des personificirten inneren Widerspruchs schlechthin zu nennen. Da es diesen Vorwurf aber jedenfalls nicht verdienen wollen wird, so fordern seine idealen Leistungen, seine Thätigkeit für die ideale Welt den Schluß, daß es mit Bewußtsein und Willen im Dienste des Idealen steht. Ist das aber der Fall, dann muß es selbstverständlich auch die Pflege des Vermögens für das Ideale in den Kreis seines Wirkens hereinziehen und es ist richtig, was wir oben behaupteten, daß der Begriff des Gymnasiums die Pflege des idealen Vermögens im Schüler geradezu fordert.

Es bleibt nun nur noch übrig kurz zu sagen, mit welchem Inhalte das Gymnasium das ideale Vermögen seiner Zöglinge, ihre Vernunft auszufüllen hat. Denn daß dies auch zu seinem Berufe gehört, daß es nicht auf halbem Wege stehen bleiben, nicht mit halber Arbeit sich begnügen darf, nur das formale Bekenntniß für das Dasein einer höheren, transcendenten, geistigen Welt auf sein Panier zu schreiben und die Aneignung dieses formalen Bekenntnisses von seinen Schülern zu verlangen, dasselbe nicht aber auch zum Begriffe ihnen zu erheben, mit einem bestimmten, festen Inhalte ihnen auszufüllen hätte, liegt auf der Hand; halbe Arbeit zu liefern ist eben nicht seine Art und für diesen Fall wäre die blos formale Bildung eine besonders werthlose Gabe.

Also welchen Begriff hat das Gymnasium mit seiner Vorstellung von der idealen Welt zu verbinden, mit welchem Inhalte sie sich zu denken? Jedenfalls mit dem der Vorstellung einer möglichen idealen Welt adäquatesten! Daß den aber nicht die platonische Weltanschauung, der platonische Geist- und Gottesbegriff, auch nicht einer der von den anderen Idealphilosophen im Laufe der Jahrhunderte durch das Mittel des reinen Denkens gefundenen, sondern allein der in und durch das Christenthum gesetzte, bietet, kann einem nur einigermaßen der Sache Verständigen keinen Augenblick zweifelhaft sein. Eine begriffsmäßigere Manifestation einer möglichen idealen Welt, als die durch Christum gewordene, ist nicht wohl denkbar, was sich schon dadurch erhärten läßt, daß alle nachchristlichen Idealphilosophen, jedenfalls die bedeutenden unter ihnen, Kant mit seiner „Religion innerhalb der Grenzen der reinen Vernunft", Fichte mit seiner „sittlichen Weltordnung", Hegel mit seiner „Religions-", Jacobi mit seiner „Glaubens-", Schelling mit seiner „Offenbarungsphilosophie", ein Hamann, ein Herder u. A. mit mehr oder weniger scharf ausgesprochener Tendenz nicht nur eine Versöhnung ihres philosophischen Denkens mit den Positionen der christlichen Religion, sondern geradezu ein Aufgehen desselben in ihr erstrebt und theilweise auch erreicht haben; während Andere, wie der Engländer Stanley, all' und jede metaphysische, auf die Entdeckung und Enthüllung einer idealen Welt abzweckende Speculation geradezu perhorresciren; aus keinem geringeren Grunde, als weil sie im Christenthume die wahrheitsgemäße Darstellung der idealen Welt sehen zu müssen glauben.

Muß aber schon dieser einfache Hinweis auf den offen ausgesprochenen Verzicht der speculativen Philosophie, betreffs der idealen Welt mittelst des reinen Denkens eine höhere, begriffsmäßigere Position, als die im Christenthume gesetzte, schaffen zu können, dem Gymnasium genügen, seinen Entscheid für das Letztere zu treffen, so muß ihm diese Wahl die Erwägung der Garantien, die das Christenthum für die Wahrheit seiner Sätze in seinen Thatsachen, in der Person seines Stifters, in seiner in der Kirche geschichtlich gewordenen Erscheinung x. zu bieten hat, zwiefach erleichtern. Und was zuletzt hier die Hauptsache! Das Gymnasium muß deshalb eine bejahende Stellung zum Christenthume einnehmen, seinen Inhalt sich und seinen Zöglingen zu eigen machen, weil unter allen bisher geschichtlich gewordenen Weltanschauungen die christliche die praktisch allein für es verwerthbare ist. Das Gymnasium mißt ja sich nicht blos die Aufgabe bei zu bilden, sondern auch die zu erziehen, nicht blos den Kopf, sondern auch das Herz in seine Pflege zu nehmen, nicht blos theoretisch, sondern auch praktisch zu wirken, mit einem Worte nicht blos die Erkenntniß seiner Schüler zu erweitern, sondern auch und gar sehr ihren Willen tüchtig zu machen und zu heiligen und daß zu diesem Ziele das Christenthum allein den geraden und besten Weg führt, dürfte wohl billig nicht in Zweifel gezogen werden. Darin liegt ja eben seine ungemessene Höhe und sein einzigartiger Werth, daß es den ganzen Menschen verlangt und besitzen will; nicht allein, wie die philosophische Speculation, den Kopf, sondern auch das Herz, den Willen, den Menschen nach seinem ganzen Sein, nach seinem Denken und Fühlen und Wollen hineinhebt in die ideale Welt. Nichts mehr und nichts weniger heißt's ja, was es in die Welt hineinruft, sein: Glaube! Und diesen Ruf muß auch das Gymnasium auf seiner Fahne tragen; seine Zöglinge nach ihrem ganzen Menschen, nach ihrem Denken, Fühlen und Wollen, nach dem Maße seiner Kraft hineinführen in die ideale Welt; das ideale Vermögen, die Vernunft ihnen wieder einsetzen, wo sie geschädigt ist, wie der Arzt dem Blinden das Augenlicht zurückgibt und dem Verrückten den Verstand und nun ihre Pflege auch recht betreiben. Verleugnet es diesen Beruf, verleugnet es seinen christlichen Beruf, so verleugnet es sich selbst, denn es fällt aus seinem Begriff! Dagegen, erfüllt es ihn treu und gewissenhaft, so läßt die Frucht nicht auf sich warten! Nur der ideal gestimmte Mensch sieht in der Arbeit nicht eine Last, die er schleppt, weil er muß, vielmehr eine heilige Pflicht, die er gern und willig übt und welcher Schüler dieser idealen Stimmung Einlaß gewährt und sie hegt und pflegt, der wird Zeugniß dafür ablegen; nur der ideal gestimmte Mensch hält weiter auch seinen Leib für das heilige Gefäß seines unsterblichen Geistes, vor dem er zu viel Scheu hat, als daß er es verbraucht als niedriges, gemeines Werkzeug niedriger, gemeiner Gedanken und welcher Schüler diesen idealen Zug in der Seele hat, der wird auch hierfür Zeugniß geben können.

Doch wie nun? Liegt auch ein hinreichender Grund vor solch' Thema von der Pflege des idealen Vermögens auf Gymnasien anzuschlagen? Braucht das Gymnasium überhaupt eine Erinnerung an seinen hohen Beruf und kann es nicht einen Jeden, der sich solcher Mahnung unterfige, zurechtweisen mit dem homerischen σκευώοντα ἔλκεις? Gewiß! Es wäre nichts Geringeres, als ein Frevel, es der Untreue und des Abfalls von seiner Bestimmung; von seinem Begriffe zu zeihen! Die Gymnasien sind bis auf diese Stunde, und sind es mit Bewußtsein, Pflanz- und Pflegestätten des Idealen im Menschen und treu wachend stehen sie auf der Zinne; aber Eulen nach Athen tragen möchte es darum doch nicht heißen, die Rede überhaupt auf diesen Gegenstand zu wenden, vornehmlich in unserer Zeit. Denn es wäre wahrhaftig Unrecht gethan, wollte einer dieser unserer Zeit eine andere Signatur als die des Materialismus zusprechen. Fern zwar davon nicht auch dieser Richtung ihre große Berechtigung für

14

das Leben zuzuerkennen, darf doch die Gefahr, die das einseitige Betonen und zur Geltungkommen des materialistischen Princips in sich birgt, nicht unterschätzt werden. Es geht da, wie mit einem krebsartigen Geschwür; wird es nicht zur guten Zeit in seiner Wirkung localisirt, so frißt es auch zuletzt die edleren Theile an und zerstört unleugbar den ganzen Organismus. Und ob nicht unsere Zeit in solcher Gefahr schwebt? Ob nicht die Vernunftkrankheit, die wie eine Epidemie um sich zu greifen anfängt, wiederum endemisch werden kann, wie am Ausgang des vorigen Jahrhunderts in Frankreich, zur Zeit der Revolution, so daß die edleren Geister, sie mögen wollen oder nicht, mit decretiren helfen müssen: Es gibt keinen Gott, es gibt keinen Geist; unser Geist, unser Gott ist das Fleisch? Prophezeien läßt sich da Nichts! Aber auf der Hut stehen, das ist Pflicht! Daß Leute, wie Büchner, Carl Vogt u. A. eine Weisheit, die schon vor Jahrtausenden und hernach im Laufe der Jahrhunderte immer wieder bis zum Ueberdruß mit fast denselben Worten geprediget worden ist, die schon die alten Mythen mit ihren Erzählungen von halb mensch-, halb thiergestaltigen Autochthonen kennen, die ein Epimenides, Anaximander, Anaximenes, Heraklit, Leucipp und Demokrit, Aristoxenus und Dicäarchus und Strato, Epikur und Empedokles und in der neueren Zeit ein Giordano Bruno, Gassendi und die französischen Materialisten feil bieten, — daß jene Leute die schon so vielemal dagewesene Weisheit von dem Stoffe als dem Urgrunde aller Dinge, von der generatio aequivoca, von der Transmutation der Arten, der letzten Abstammung des Menschen aus der Thierheit, dem Geiste, als non ens etc. nur mit ein wenig anderer Sauce und pikanteren Ingredienzien zubereitet, auch unserer Zeit zum Kaufe anpreisen, das ist nicht zu verwundern; Göthe sagt ja nicht umsonst: Es muß auch solche Käuze geben, und sein anderes Wort: Es ist Alles schon einmal gedacht worden, will doch auch sein Gegenstück haben: Es muß Alles wieder einmal gedacht werden: Aber daß sie Käufer finden, daß man sich um ihre Waare förmlich reißt, daß es den Menschen in den Ohren klingt, wie eine sinnberückende Musik, die Predigt von ihrer Abstammung von den Affen, daß sie gar nicht satt werden können, dies wundersame Evangelium zu hören, gar nicht satt werden, immer und immer wieder diese Versicherung entgegenzunehmen, daß man diese neuen Evangelisten, wo sie nur auftreten mögen mit ihrer Verkündigung, begrüßt wie Boten aus einer anderen Welt, das ist ein Zeichen der Zeit! Und darauf zu achten, ist Pflicht! Vielleicht, daß auch hier der Schein trügt, daß diese Menschen besser sind, als sie sich geben, daß selbst diese Evangelisten nur den Muth haben, in Anderen wohl die Affennachkommen zu sehen, für ihre Person aber, wollte Einer im Ernste sie mit der Ehre ihrer Abkunft belegen, das angelegentlichst sich verbitten würden. Vielleicht aber auch, daß ihre Lehre diesen Leuten volle Wahrheit ist, daß sie wirklich zwischen sich und dem Thiere einen wesentlichen Unterschied zu erkennen und zu statuiren nicht mehr vermögen und daß dann in der That ein solcher gar nicht mehr existirt, sie wirklich volle und wirkliche Thiere geworden sind. In diesem Falle aber möchte es allerdings hohe Zeit sein, Alle, die einer idealen Anschauung der Dinge noch zugethan sind und der idealen Ueberzeugung noch leben, auf die Warten zu rufen und in vorderster Reihe gebührt dann den Gymnasien das: Videant consules, ne quid detrimenti respublica capiat.

Jahres-Bericht.

Behufs Erzielung der nöthigen Gleichförmigkeit und Vollständigkeit der bei allen inländischen Gymnasien erscheinenden Schulprogramme hat das Directorium in Gemäßheit Rescriptes vom 6. Februar d. J. auf Basis der C.-Verfügung vom 23. August 1824 versucht, die Schulnachrichten in einer von den bisherigen Rubriken abweichenden Ordnung zu geben.

Erster Abschnitt: Lehrverfassung.

a. Allgemeiner Plan (Wintersemester 1868/69).

Unterrichts-Gegenstände.	Wöchentliche Unterrichtsstunden.										Summa.
	Gymnasial-Abtheilung				Real-Abtheilung.				Gemeinschaftl. Classen		
	I.	II.	III.	IV.	1.	2.	3.	4.	V.	VI.	
1. Religion	2	2	2	2	2	2	2	2	3	3	22
2. Deutsch	2	2	2	2	3	2	3	3	4	4	27
3. Englisch	1	2	2	—	3	3	4	4	—	—	19
4. Französisch	2	2	2	2	4	4	4	2	4	—	26
5. Latein	9	9	8	9	3	4	5	6	7	8	68
6. Griechisch	7	7	7	5							26
7. Hebräisch (facultativ)	(2)	(2)	—	—							4
8. Mathematik	3	3	2	2	6	5	4	2	—	—	27
9. Rechnen	—	—	1	2	—	1	2	3	4	5	18
10. Naturwissenschaften	2	2	2	2	5	5	3	2	2	2	27
11. Geographie	1	1	1	2	1	1	1	2	2	1	13
12. Geschichte	2	2	2	2	2	2	2	2	2	2	20
13. Alterthumskunde	1	—									1
14. Schreiben	—	—					2	2	2	3	7
15. Zeichnen	—	—	1	2	3	3	2	2	2	2	17
Summa	32	32	32	32	32	32	32	32	32	30	= 322 Stunden.
dazu:	+2	+2									
16. Singen											5
17. Turnen fällt weg im Winter aus Mangel an Raum, im Sommer											5

b. Uebersicht des ertheilten Unterrichts **während des Winterhalbjahrs** 1868/69.

Lehrer.	Ordinarius in	Gymnasial-Classen				Real-Classen.				Gemeinschaftliche Classen.		Summa der Stunden
		Prima.	Secunda.	Tertia.	Quarta.	Prima.	Secunda.	Tertia.	Quarta.	Quinta.	Sexta.	
1. Director Frandsen.		2 Latein. 5 Griechisch 2 Geschichte 1 Alterthumst.	2 Geschichte			2 Latein.						14
2. Rector Dr. Rottok.	R. 1 u. R. 2.	2 Naturwissensch.				6 Mathem. 2 Naturw. 1 Geogr.	5 Mathem. 3 Naturw.					20
3. Conrector Lucht.	G. III.	2 Deutsch.	2 Latein.	2 Deutsch. 3 Latein.		1 Latein. 2 Geschichte	2 Deutsch 2 Geschichte					21
4. Subrector Dr. Mortsen.		2 Französ.	2 Französ. 3 Latein.	2 Französ.	2 Französ.						8 Latein. 2 Geschichte	21
5. Collaborator Dr. Bohlstedt.	G. II.		2 Deutsch. 4 Latein. 4 Griechisch 3 Mathem.	2 Griechisch 2 Mathem. 1 Rechnen.	2 Naturw.					2 Naturw.	2 Naturw.	24
6. Collaborator Gerstenberg.		5 Mathem. 1 Geogr.	2 Naturw. 1 Geogr.	2 Naturw.		2 Naturw.	2 Naturw.	4 Mathem. 3 Naturw.	2 Mathem. 2 Naturw.			24
7. Collaborator Dr. Verblinger.	G. I.	7 Latein. 1 Griechisch				4 Französ.	4 Französ.	1 Geogr. 2 Geschichte	2 Französ. 2 Geschichte			24
8. Collaborator Paul.	R. 4.	2 Religion 2 Hebräisch	2 Religion 2 Griechisch 2 Hebräisch					2 Religion	2 Religion 3 Deutsch 6 Latein			24
9. Adjunct Dr. Schulthes.	R. 3.	2 Englisch.	2 Englisch.	2 Englisch.		2 Deutsch 3 Englisch	3 Englisch	3 Deutsch. 4 Englisch. 4 Französ.				25
10. Adjunct Scheer beurlaubt												
11. Adjunct Cruse.	G. IV.			5 Griechisch	2 Deutsch. 9 Latein. 5 Griechisch					4 Französ		25
12. Adjunct Frechen.	V.			3 Mathem. 2 Rechnen.		1 Rechnen.	2 Rechnen.	4 Englisch 3 Rechnen	4 Rechnen.	3 Religion 5 Rechnen.		26
13. Lehrerstelle vacant. Hülfslehrer cand. theol. Brammann.			2 Religion 1 Geogr. 2 Geschichte	2 Religion 2 Geogr. 2 Geschichte	2 Religion 2 Geogr.	2 Religion 1 Geogr.		2 Geogr.	3 Religion 4 Deutsch			25
14. Hülfslehrer Kreh.	VI.					4 Latein.	5 Latein.	7 Latein. 2 Geogr. 2 Geschichte	4 Deutsch. 1 Geogr.			25
15. Zeichenlehrer Jahr.				1 Zeichnen.	2 Zeichnen.	3 Zeichnen.	3 Zeichnen.	2 Zeichnen.	2 Zeichnen 2 Schreiben	2 Zeichnen 2 Schreiben	2 Zeichnen 2 Schreiben	24
Summa der Lehrstunden. Dazu:		34	34	32	32	32	32	32	32	32	30	322 St.
16. Gesanglehrer Organist Selle.		1 St. Männerst., 1 St. Knabenst.		1		(2 Stunden combinirt mit G. I., II. u. III.)		combinirt mit G. IV		1	1	5
17. Turnlehrer Adj. Ferchen.		Gymnastische Uebungen fallen weg während des Winters; im Sommer										5

c. Unterrichts-Pensa von Ostern 1868 bis Ostern 1869.

Gymnasial-Prima. Cursus 2—2½ Jahr. Ordinarius: Collaborator Dr. Berblinger.

Religion 2 St. w. Im Sommer: Der Römerbrief und die kleineren Briefe Pauli im Grundtext. — Beckmann. Im Winter: Christliche Glaubenslehre nach Hollenberg. — Paul.

Deutsch 2 St. Geschichte der deutschen Literatur, 3. und letzter Theil; Abriß der Rhetorik. Lectüre: Gudrun und Göthe's Tasso. Aufsätze. — Lucht.

Englisch 1 St. Aeltere und neuere Poesie aus Herrig British classical Authors. — Schulthes.

Französisch 2 St. Herrig la France littéraire; Grammatik nach Hirzel; Exercitien und Extemporalien. — Marrfen.

Latein 9 St. Davon Tacitus Historien 1. und 2. Buch, Annalen 11. Buch, 2 St. — Director. Cicero de oratore 2. Buch und de Finibus 1. und 3. Buch, 2 St. Horaz Oden, Satiren und Episteln mit Auswahl, 2 St. Stilistik nach Berger und Grammatik, wöchentlich Exercitien nach Seyffert, Aufsätze alle Monat, 3 St. Privatlectüre aus Sueton und Cicero wird in der Classe controlirt. — Berblinger.

Griechisch 7 St. Davon 3 St. Demosthenes Philippische Reden; Plato Apologie, Kriton, Euthyphron. 2 St. Grammatik, Exercitien, Extemporalien nach Curtius, Böhme c. Director. 2 St. Sophokles Oedipus rex und Antigone. Privatlectüre (Ilias 18—24 und 1. 2) wird in der Classe besprochen. — Berblinger.

Mathematik 3 St. Im Sommer: Stereometrie. — Kottok. Im Winter: Trigonometrie und Repetitionen der Arithmetik. — Gerstenberg.

Naturwissenschaften 2 St. Optik und Akustik. — Kottok.

Geographie 1 St. Die politische von Europa und die mathematische. — Gerstenberg.

Geschichte 2 St. Von 1789 an bis 1815 und die der Griechen. — Director.

Alterthumskunde 1 St. Staatsalterthümer und Literatur der Griechen. — Director.

Hebräisch 2 St. Im Sommer: Die Bücher Samuelis. — Beckmann. Im Winter: Jesaias 1—7, Psalm. 1—20. — Paul.

Gymnasial-Secunda. Cursus 2 Jahr. Ordinarius: Collaborator Dr. Bohstedt.

Religion 2 St. Im Sommer: Die synoptischen Evangelien. — Beckmann. Im Winter: Kirchengeschichte der vier ersten Jahrhunderte. — Paul.

Deutsch 2 St. Das Wichtigste aus der Poetik. Lectüre: Gedichte von Schiller, Goethe; Declamation und Disponirübungen; Aufsätze. — Bohstedt.

Englisch 2 St. Aeltere und neuere Prosa aus Herrig. — Schulthes.

Französisch 2 St. Lectüre aus Herrig. Grammatik und Exercitien nach Plötz Schulgrammatik. — Marrfen.

Latein 9 St. 3 St. Livius Buch XXVIII, XXX und I. mit Auswahl. — Marrfen. 2 St. Cicero Laelius und Rede pro Sextio; — 2 St. Grammatik und Exercitien nach Madvig und Seyffert; — Bohstedt. 2 St. Virgil Aeneas IX. und II. Buch nebst 4 Eclogen. — Lucht.

Griechisch 7 St. 3 St. Xenophon Memorabilien Buch III. und IV. im S. Beckmann, im W. Paul. 2 St. Grammatik und Exercitien nach Curtius und Böhme; — 2 St. Homer Ilias I. und II., Odyssee IX—XII. und Controle der Privatlectüre Odyssee I—VII. — Bohstedt.

Mathematik 3 St. Aehnlichkeitslehre nach Kottok, und Constructionsaufgaben; Wiederholung der 4 Species, die Lehre von Potenzen, Wurzeln und Logarithmen. — Bohstedt.

Naturwissenschaften 2 St. Magnetismus, Electricität, Akustik und einiges aus der Wärmelehre nach Müller Grundriß der Physik. — Gerstenberg.

Geographie 1 St. Die physische von Europa; aus der politischen besonders die deutschen, sowie die angrenzenden Lande nach Seydlitz. — Gerstenberg.

Geschichte 2 St. Die neuere von 1648—1789 und die des Mittelalters. — **Director.**

Hebräisch 2 St. Nach Gesenius Grammatik und Lesebuch im S. **Branmann,** im W. **Paul.**

Gymnasial-Tertia. Cursus 2 Jahr. Ordinarius: Conrector **Lucht.**

Religion 2 St. Auslegung des ersten Artikels; Leben Jesu im synoptischen Zusammenhange. — **Branmann.**

Deutsch 2 St. Die Wortbildungslehre mit Hinweis auf das ältere Deutsch; Wiederholung der Satz- und Interpunctionslehre, Declamation und Aufsätze alle 14 Tage. — **Lucht.**

Englisch 2 St. Lese- und Uebersetzungsübungen nach Herrig first reading book; Formenlehre und Exercitien nach **Plate.** — **Schulthes.**

Französisch 2 St. Nach Seinecke secondes lectures françaises; Grammatik und Exercitien nach Plötz Schulgrammatik. — **Marxsen.**

Latein 8 St. 4 St. Caesar bellum civile aus Buch I und III, bellum gallicum I und II; — 2 St. Grammatik, Exercitien und Extemporalien nach **Madvig** und **Tischer;** — 2 St. Ovid Metamorphosen Buch I—VI. mit Auswahl nebst Metrik des Hexameters. — **Lucht.**

Griechisch 7 St. 3 St. Xenophon Anabasis Buch VI und etwas von VII; — 2 St. Grammatik nach Curtius, Exercitien nach Dihle; Repetition des früheren Pensums. — **Cruse.** 2 St. Homer Odyssee, 1. Buch und Dialectlehre nach Curtius. — **Bohstedt.**

Mathematik 2 St. Planimetrie bis zur Aehnlichkeitslehre nach Rottok; die 4 Species nach Heis. Alle 14 Tage schriftliche Arbeiten. — **Bohstedt.**

Rechnen 1 St. Praktische Uebungen. — **Bohstedt.**

Naturwissenschaft 2 St. Gasförmige Körper nach Heussi; Mineralogie nach Leunis. — **Gerstenberg.**

Geographie 1 St. Europa nach Seydlitz. — **Branmann.**

Geschichte 2 St. Die alte Geschichte nach Pütz Grundriß für mittlere Klassen. — **Branmann.**

Zeichnen 1 St. Freihandzeichnen. — **Pape.**

Gymnasial-Quarta. Cursus 1 Jahr. Ordinarius: Adjunct Cruse.

Religion 2 St. Auslegung der drei Artikel. — **Branmann.**

Deutsch 2 St. Lesen, Erklären und Memoriren prosaischer und poetischer Stücke aus Hopf und Paulsiek Lesebuch für IV.; Grammatik nach Heyse im Anschluß an die Lectüre; abhängige Rede und zusammengesetzter Satz; Interpunctionslehre; Aufsätze erzählenden Inhalts. — **Cruse.**

Französisch 2 St. Nach Plötz Elementargrammatik, Cursus für IV. — **Marxsen.**

Latein 9 St. Gedike Lesebuch; Formenlehre, Casuslehre und die wichtigsten Regeln über den zusammengesetzten Satz nach Madvig-Tischer; mündliches und schriftliches Uebersetzen ins Latein nach Ostermann Uebungsbuch für IV. Memoriren von Sätzen und Vocabeln; wöchentlich ein Exercitium und Extemporalien. — **Cruse.**

Griechisch 5 St. Die regelmäßige Formenlehre bis zu den Verben auf μι nach Curtius Grammatik; mündliches und schriftliches Uebersetzen aus dem Griechischen ins Deutsche und umgekehrt nach Ostermann's Uebungsbuch; Memoriren von Vocabeln; wöchentlich ein Exercitium. — **Cruse.**

Mathematik 2 St. Planimetrie nach Rottok Leitfaden, und leichte geometrische Aufgaben. — **Ferchen.**

Rechnen 2 St. Zusammengesetzte Verhältnißrechnungen mit Anwendung auf das bürgerliche Leben; im S. nach Hamburger Rechenbuch. im W. nach Saß Uebungsbuch II; Decimalbrüche und Ausziehen der Quadratwurzel. — **Ferchen.**

Naturwissenschaften 2 St. Botanik und Zoologie nach Leunis. — **Bohstedt.**

Geographie 2 St. Die außereuropäischen Erdtheile nach Seydlitz. — Branmann.

Geschichte 2 St. Abriß der alten Geschichte. — Branmann.

Zeichnen 2 St. Schattiren mit Blei und Kreide; Anfang im Naturzeichnen. — Pape.

Real-Prima. Cursus 2 Jahre. Ordinarius: Rector Dr. **Rottok.**

Religion 2 St. Christliche Glaubens- und Sittenlehre. — Branmann.

Deutsch 2 St. im S., 3 St. im W. Die deutsche Literaturgeschichte, und allgemeine nach Scherr; Aufsätze, freie Vorträge, Controle der Privatlectüre. — Schulthes.

Englisch 3 St. Neuere Dichter, Shakespeare Hamlet; Uebersetzung von Schiller über Anmuth und Würde; Conversation im Anschluß an Kurt's Outlines of english history, einige freie Aufsätze, Wiederholung der wichtigsten Abschnitte aus der Grammatik. — Schulthes.

Französisch 4 St. Corneille Cid; Racine Phèdre, Molière les precieuses ridicules, Scribe Adrienne Lecouvreur; Prosa aus Herrig; Grammatik nach Plötz; Schulgrammatik und la nouvelle grammaire française; Exercitien wöchentlich nach Gruner Musterstücke; Extemporalien, Mde Staël sur l'Allemagne als Grundlage für Conversation. Aufsätze. — Berblinger.

Latein 3 St. 2 St. Grammatik und Exercitien nach Madvig und Tischer; Lectüre Livius 1. Buch. — Director. 1 St. Virgil Aeneis 5. Buch und 1 Ecloge nebst Einleitung und Metrik des Hexameters. — Lucht.

Mathematik 6 St. im S. Auflösung algebraischer Gleichungen vom 3. und 4. Grade. Annäherungs-methoden für die Auflösung numerischer Gleichungen höherer Grade 3 St. Descriptive Geometrie 3 St. — Im W. analytische Geometrie; Theorie höherer Gleichungen und allgem. Repetition der früheren Pensa. — Rottok.

Naturwissenschaften 5 St. — 3 St. Mechanik und Akustik. — Rottok. 2 St. Chemie; Repetitionen der anorganischen mit besonderer Rücksicht auf die Analyse; organische Chemie nach Schreiber Grundriß. — Gerstenberg.

Geographie. 1 St. im S. combinirt mit Gymn. I. — Gerstenberg. 1 St. im W. mathematische Geographie. — Rottok.

Geschichte 2 St. Englische Geschichte; neuere Geschichte seit 1648; Repetition der Zahlen aus der ganzen Geschichte. — Lucht.

Zeichnen im S. 4 St., im W. 3 St. Schattenlehre und Luftperspective, Maschinen-Bau- und Situations-Zeichnen. — Pape.

Real-Secunda. Cursus 2 Jahre. Ordinarius Rector Dr. **Rottok.**

Religion 2 St. Bibelkunde; christliche Glaubenslehre nach Kurtz Leitfaden. — Branmann.

Deutsch 2 St. Auserwählte Partien aus der Grammatik; Göthe's Egmont; Erklärung von Fabeln und Balladen aus Echtermeyer's Sammlung, Declamation, Aufsätze. — Lucht.

Englisch 4 St. im W., 3 St. im S. Der anomale Theil der Grammatik; Syntax nach Plate II. mit Exercitien; Extemporalien; kleine Aufsätze von den Schülern der 1sten Abtheilung; Lectüre Prosa in Herrig und Goldsmith Vicar of Wakefield. — Schulthes.

Französisch 4 St. Lectüre Mignet's Marie Stuart und histoire de la révolution française; Gram-matische Uebungen nach Plötz Schulgrammatik; wöchentliche Exercitien, kleine Aufsätze. — Berblinger.

Latein 4 St. Caesar Bell. Gall. V—VII; Grammatik und Exercitien nach Madvig u. Tischer. — Krey.

Mathematik 5 St. im S. Planimetrie nach Rottok's Lehrbüchern. — Rottok. 2 St. Gleichungen 1. und 2. Grades nebst Repetitionen. — Im Winter: Ebene Trigonometrie nach Rottok's Lehr-buch; Gesetze der Potenzirung, Radicirung und Logarithmirung; die Bestimmungsgleichungen des ersten Grades mit einer und mehreren Unbekannten. — Rottok.

3

Rechnen 1 St. Kaufmännisches Rechnen, betreffend Wechsel, Staatspapiere und Actien, hiesige und auswärtige Facturen, Waaren-Calculationen, Conto-Correnten. Logarithmen und Repetition des in der Tertia über Decimalbrüche Gelernten. — Ferchen.

Naturwissenschaften 5 St. 3 St. Optik, Magnetismus und Electricität nach Müller's Grundriß. — Rottok. 2 St. Chemie; die Metalle nach Casselmanns Leitfaden, dann Repetitionen aus der Botanik und Zoologie nach Leunis. — Gerstenberg.

Geographie 1 St. nach Seydlitz im S. Die physische von Europa, Deutschland und Oestreich. — Gerstenberg. Im W. Süd- und Mittel-Europa. — Branmann.

Geschichte 2 St. Die mittlere von 1648 mit Ausschluß der Deutschen; die alte (nach Pütz). Repetitionen der preußischen und der Jahreszahlen aus der gesammten Geschichte. — Lucht.

Zeichnen 3 im S., 2 im W. Anweisung zur Linearperspective; ausführliches Handzeichnen nach der Natur; vollständige Risse von Maschinen, Bauanlagen ꝛc. — Pape.

Real-Tertia. Cursus 2 Jahr. Ordinarius Adjunct Dr. Schulthes.

Religion 2 St. Auslegung des 1 Artikels und Bibellesen im S. — Beckmann. Im W. das Leben Jesu nach Matthäus; Sprüche memorirt. — Paul.

Deutsch 3 St. Schiller's Balladen und Gedichte culturhistorischen Inhalts erklärt mit besonderer Berücksichtigung der wichtigsten Gattungen der Poesie und der Versmaaße und zur Declamation gelernt; Grammatik und Abriß der deutschen Sprach- und Literatur-Geschichte nach Hoffmanns Schulgrammatik; Aufsätze alle 14 Tage. — Schulthes.

Englisch 4 St. Lecture Herrig's reading-book; wöchentlich Exercitien nach Plate II. — Schulthes.

Französisch 4 St. Plötz Lectures choisies, Grammatik und Exercitien nach Plötz Schulgrammatik, Extemporalien. — Schulthes.

Latein 5 St. 3 St. Nepos (von Pausanias bis Epaminondas); 2 St. Grammatik und Exercitien nach Madvig und Tischer. — Krey.

Mathematik 4 St. Geometrie nach Rottok 2 St.; Arithmetik: die 4 Grundrechnungen in Buchstaben, Proportionen, Gleichungen 1. Grades mit einer Unbekannten, Quadrat- und Cubikwurzelausziehung aus Buchstabenausdrücken nach Heis; jede Woche schriftliche Arbeiten. — Gerstenberg.

Rechnen 2 St. Kaufmännisches Rechnen: im S. nach dem Hamburger Rechenbuch, im W. nach Saß (4. Aufl.). Daneben Uebungen in Decimalbrüchen und Cubikwurzelausziehung. — Ferchen.

Naturwissenschaften 3 St. 2 St. Physik: Schall, Wärme, Licht, Magnetismus, Electricität nach Heußi's erstem Cursus. 1 St. Naturgeschichte, Botanik und Mineralogie in systematischer Uebersicht nach Leunis. — Gerstenberg.

Geographie 1 St. Die nichtdeutschen Staaten in Europa nach Seydlitz. — Verblinger.

Geschichte 2 St. Die alte und Repetitionen der wichtigsten Data aus der gesammten Geschichte. — Verblinger.

Zeichnen 2 St. Elemente des geometrischen und Plan-Zeichnens; Ornamenten- und Perspectiv-Zeichnen. — Pape.

Real-Quarta. Cursus 1 Jahr. Ordinarius im Sommer Collab. Beckmann, im Winter Collab. Paul.

Religion 2 St. Der erste und zweite Artikel, Gesänge und Bibelsprüche memorirt im Sommer Beckmann, im Winter Paul.

Deutsch 3 St. Grammatik nach Heyse, Lese- und Declamirübungen nach Hopf und Paulsiek; Aufsätze im S. Beckmann, in W. Paul.

Englisch 4 St. Nach Plate I., Exercitien und Extemporalien. — Ferchen.

Französisch 2 St. Nach Plötz Elementargrammatik, das regelmäßige Verbum und die Pronomina; wöchentliche Exercitien. — Berblinger.

Latein 6 St. Gedike's Lesebuch, Grammatik und Exercitien nach Spieß Uebungsbuch für Quarta. — Im Sommer Beckmann, im Winter Paul.

Mathematik 2 St. Geometrie bis zur Congruenz der Dreiecke nach Rottok. — Gerstenberg.

Rechnen 3 St. Zusammengesetzte Verhältnißrechnungen mit Anwendung auf das bürgerliche Leben, im S. nach dem Hamburger Rechenbuch, im W. nach Saß Uebungsbuch II. Decimalbrüche und Ausziehen der Quadratwurzel. — Ferchen.

Naturwissenschaften 2 St. Botanik und Zoologie nach Leunis. — Gerstenberg.

Geographie 2 St. Im Sommer politische Geographie von Deutschland. — Beckmann. Im Winter Süd- und Mittel-Europa. — Branmann.

Geschichte 2 St. Die alte nach Schusters Tabellen. — Berblinger.

Schreiben 2 St. Nach Vorlagen. — Pape.

Zeichnen 2 St. Schattiren mit Blei und Kreide; Anfang in Naturzeichnen. — Pape.

Quinta. Cursus 1 Jahr. Ordinarius Adjunct Ferchen.

Religion 3 St. Biblische Geschichte des Alten und des Neuen Testaments nach Preuß Lehrbuch, daneben der Katechismus wiederholt und Gesänge gelernt. — Branmann.

Deutsch 4 St. Grammatik nach Heyse's Leitfaden; Recitation von poetischen und prosaischen Stücken aus dem Lesebuch in Lebensbildern; wöchentlich ein deutscher Aufsatz. — Branmann.

Französisch 4 St. Nach Plötz Elementargrammatik, Cursus für V. — Cruse.

Latein 7 St. Nach Spieß Uebungsbuch für V.; wöchentl. Exercitien; Formenlehre nach Schröer. — Krey.

Rechnen 4 St. Im Sommer nach dem Hamburger Rechenbuch, im Winter nach Saß Uebungsbuch II. Wiederholung der Bruchrechnung; Regeldetri mit ganzen und gebrochenen Zahlen, unbenannten und benannten; die 4 Species mit Decimalbrüchen. — Ferchen.

Naturwissenschaf... 2 St. Botanik und Zoologie. — Bohstedt.

Geographie 2 St. Allgemeiner Abriß der Oro- und Hydrographie, sowie das Wichtigste aus der politischen Geographie. Deutschland. — Krey.

Geschichte 2 St. Abriß der wichtigeren Data des Mittelalters und der Neuzeit nach Schuster's Tabellen. — Krey.

Schreiben 2 St. Nach Vorlagen. — Pape.

Zeichnen 2 St. Einüben der Formen nach Vorlagen nebst Anwenden derselben auf wirkliche Naturgegenstände; Anlage des Schattens durch leichte Striche. — Pape.

Sexta. Cursus 1 Jahr. Ordinarius Hülfslehrer Krey.

Religion 3 St. Biblische Geschichte des Neuen und Alten Testaments nach Preuß nebst Katechismus; Gesänge gelernt. — Ferchen.

Deutsch 4 St. Grammatik nach Heyse's Leitfaden; Leseübungen und Recitationen nach dem Lesebuch in Lebensbildern; kleine Aufsätze. — Krey.

Latein 8 St. Nach Schröer Lateinischer Formenlehre und Spieß Uebungsbuch. — Marxsen (während dessen Krankheit im letzten Quartal der Amtsgenossen ertheilt).

Rechnen 5 St. Nach Saß I. und II. und Anfang der Decimalbrüche. — Ferchen.

Naturwissenschaften 2 St. Botanik und Zoologie. — Bohstedt.

Geographie 1 St. Abriß der allgemeinen Erdkunde, besonders Europa. — Krey.

Geschichte 2 St. Erzählungen aus der alten Geschichte. — Marxsen (während dessen Krankheit im letzten Quartal die Amtsgenossen).

Schreiben 3 St. Nach Vorlagen und Tactschreiben. — Pape.
Zeichnen 2 St. Einfache Figuren in Umrissen nebst Andeutung der Schattenlinien. — Pape.

Den Gesangunterricht ertheilte der Organist an der St. Marienkirche, L. Selle, wöchentlich in 5 Stunden. Die Serta, Quinta und Quarta hatten wöchentlich 1 Stunde Unterricht, die Schüler der höheren Klassen nahmen nach Alter und Befähigung Theil an dem Gesange der Knabenstimmen oder der Männerstimmen.

Die gymnastischen Uebungen leitete der Adjunct Ferchen während des Sommersemesters in 3 Abtheilungen je eine Stunde wöchentlich; im Winter ward diese Uebung aus Mangel an einem geeigneten Raum ausgesetzt.

d. Themata der im verflossenen Schuljahre in den beiden Oberklassen gefertigten Aufsätze.

In Gymnasial-Prima:

a. **Deutsch.** (Conrector Lucht.) 1. Wie läßt sich die Jungfrau von Orleans gegen den Vorwurf der Unkindlichkeit und Unweiblichkeit vertheidigen? — 2. Brief an einen Prinzen, der für seinen Sohn einen Begleiter auf Reisen wünscht. — 3. „Acta est illa res animo virili, consilio puerili". Cic. ad Atticum XIV, 21. — 4. Der Abend (eine Idylle.) — 5. Ferro nocentius aurum, Ovid (eine Chrie). — 6. Das Leben ist der Güter Höchstes nicht. — 7. Metrische Uebersetzung einiger Lieder des Anacreon. — 8. Herzog Alba, wie ihn Schiller und wie ihn Göthe darstellt. — 9. „Die Glocke" und „Der Spaziergang" von Schiller. — 10. Uebersetzung von Schillers Antigone v. 315 ꝛc. — 11. Welche Eigenthümlichkeiten des Jünglingsalters spiegeln sich in den Kreuzzügen ab? — 12. Ein edler Mensch kann einem engen Kreise nicht seine Bildung danken; Vaterland und Welt muß auf ihn wirken. (Göthe Tasso.) [Clausurarbeit.]

b. **Latein.** (Collaborator Dr. Berblinger.) 1. α. cur scriptores latini Augusti potissimum aetate florentes reliquis sint praestantiores habendi. · β. quid etiam nunc Germani Arminio Romanorum in saltu Teutoburgiensi victori debeant. — 2. Augustus qua ratione principatum obtinuerit et firmaverit, exponatur. — 3. De moribus Horati ejusque indole. — 4. Cantici secundi Oedipi regis argumento exposito quae intercedat cum fabula ratio exponatur. — 5. Hannibal apud Antiochum fugae causis expositis bellum in Romanos suadet. — 6. De tragica sorte Oedipi regis. — 7. Quid Horatius ad judicia Romanorum ad elegantiam revocanda carminibus profecisse videatur, exponatur.

In Gymnasial-Secunda.

Deutsch. (Collaborator Dr. Bohstedt.) 1. Das Leben ein Kampf. — 2. Ueber die Freundschaft. — 3. Warum ist das Loos von Menschen, die große Erfindungen und Entdeckungen gemacht haben, oft ein so trauriges gewesen? — 4. Welche Umstände machen die Wahl des Berufs oft so schwierig? — 5. Alexander und Diogenes. — 6. Ueber den Nutzen des Reisens. — 7. Noth lehrt beten. — 8. Tod und Schlaf, eine Parallele. — 9. Die Entwickelung des Menschen, verglichen mit der des Saamenkorns. — 10. Kleider machen Leute. — 11. Die Gefahren des Reichthums und die Gefahren der Armuth. — 12. Ueber den Einfluß unserer Umgebung auf uns.

In Real-Prima:

a. **Deutsch.** (Adjunct Dr. Schulthes.) 1. Einfluß der Ländergestaltung auf die menschliche Gesittung. — 2. Wie kann sich der Mensch dem Einfluß der Ländergestaltung entziehen? — 3. Die Sklaven- und Bauernkriege, eine Parallele. — 4. Im Reiche des Sittlichen giebt es keine Kleinigkeiten. — 5. Vergleichung des Culturzustandes der Phäaken und Cyclopen. — 6. Das Haus des Tantalus nach Göthe's Iphigenia. — 7. Charakterschilderung der Recha und der Daja in Lessings Nathan mit folgender Vergleichung dieser Charaktere. — 8. Dem Tod entrinnt, wer ihn verachtet, doch den Verzagten holt er ein. — 9. Die lykurgische und die solonische Verfassung. — 10. Friedrich der Große und Napoleon, eine Parallele. — 11. Das Eleusische Fest von Schiller; Gedankengang und Betrachtungen. — 12. Ueber die Vaterlandsliebe. [Clausurarbeit.] — 13. Warum wäre es nicht gut, wenn man sein Lebensschicksal vorher wüßte? [Clausurarbeit.]

b. **Französisch.** (Collaborator Dr. **Berblinger.**) 1. L'inondation de Florence (en 1332.) — 2. L'incendie d'un vaisseau en pleine mer. — 3. L'expedition d'Alexandre en Asie et ses consequences. — 4. Le combat du Cid contre les Maures. — 5. Les combats des Allemands et des Romains jusqu' à la mort de Tibère. — 6. La prise de Magdebourg. — 7. Les trois partages de la Pologne. — 8. Résumé d'Athalie, tragédie par Racine.

In Real-Secunda:

a. **Deutsch.** (Conrector **Lucht.**) 1. Ueber natürliche und künstliche Vermehrung der Pflanzen. — 2. Baron v. Wedell's Unglück bei Dassau (historische Schilderung). — 3. Ueber den Schwefel und seine Anwendung. — 4. Inhalt von Schillers Maria Stuart. — 5. Charakter von Lord Leicester. — 6. Lobrede auf den Esel. — 7. Beschreibung der Kronwerker Schleuse. — 8. Maria Stuart, ein Lebensbild. — 9. Inhalt von Göthes Egmont. — 10. Schillers Glocke. — 11. Pechvogels Abenteuer auf Reisen. — 12. Die Beweggründe zum Fleiß. — 13. Welchen Einfluß hat der Handel auf die Bildung des Volkes. [Clausurarbeit.] — 14. Die Uhren. — 15. Der Schiffsbrand (eine Schilderung).

b. **Französisch** (Collaborator Dr. Berblinger) im Wintersemester. Charlemagne, sa vie et ses guerres. — 2. Le neveu en oncle. — 3. La prise de Magdebourg. — 4. La garantie (par Schiller.) — 5. L'étude de l'histoire.

c. Themata zur Abiturientenprüfung Ostern 1869.

α. Gymnasial-Abtheilung.

1. **Deutsch.** „Ein edler Mensch kann einem engen Kreise
Nicht seine Bildung danken; Vaterland
Und Welt muß auf ihn wirken."   (Göthe Tasso.)
2. **Latein**: Exercitium nach Dictat aus Seyffert Materialien Stück 39.
3. **Griechisch**: Exercitium nach Dictat.
4. **Geschichte**: a. Die Luxemburger Kaiser; b. die Perserkriege; c. die gracchischen Unruhen.
5. **Klassische Alterthumskunde**: De fontibus historiae graecae.
6. **Mathematik**: a. Ein reguläres Sechseck macht um eine seiner Seiten (= s) eine volle Umdrehung, wie groß ist der Inhalt des dabei beschriebenen Körpers? b. Die drei Ziffern, womit eine Zahl geschrieben ist, bilden in der Reihenfolge, in der sie darin vorkommen, eine arithmetische und, nachdem man die mittlere um 1 vermindert hat, auch eine geometrische Progression. Vertauscht man ohne diese Veränderung der mittleren Ziffer die beiden zu äußerst stehenden mit einander, so verhält sich die dadurch entstehende Zahl zu der ursprünglichen wie 142 zu 43. Welches ist die erstere Zahl? —
7. **Physik**: Eine Beschreibung der Einrichtung von Thermometern aus flüssigen, luftförmigen und festen Stoffen.
8. **Religion**: Angabe der Beweise für das Dasein Gottes und Kritik ihres wissenschaftlichen Werthes.

4

β. Real-Abtheilung des Gymnasiums (= Realschule II. O.)

1. **Deutsch:** Warum wäre es nicht gut, wenn man sein Lebensschicksal vorher wüßte?
2. **Mathematik:** a. $25x^2 - 70x^2y^2 + 49y^4 + 5(5x^2 - 7y^2) = 2\frac{3}{4}$
   $9x^2 + 30xy + 25y^2 - 8(3x + 5y) = 9.$
   b. Die Grundfläche einer Pyramide ist ein regelmäßiges Siebeneck, welches einem Kreise von 7 Fuß Halbmesser eingeschrieben ist, die Höhe beträgt 14 Fuß, wie groß ist der Inhalt der Pyramide? wie groß ist die Oberfläche, wenn die Pyramide gerade ist? —
3. **Physik:** Beschreibung der wichtigsten physikalischen Apparate, bei welchen ebene oder sphärische Spiegel zur Anwendung kommen.
4. **Französisches** Exercitium nach einem deutschen Dictat.
5. **Englisches** Exercitium nach einem deutschen Dictat.
6. **Geschichte:** a. Ursachen und Veranlassung der französischen Revolution. b. Hauptfacta im spanischen Erbfolgekrieg. c. In welche Perioden läßt sich die Römische Geschichte theilen?
7. **Deutsche Literatur: Klopstock;** Leben, Werke, Beziehungen zu Vorgängern, Zeitgenossen und sein Einfluß auf Spätere.

f. Schulbücher.

Religion: Hollenbergs Hülfsbuch; griechisches N. T.; Kurtz christl. Glaubenslehre; Bibel, Gesangbuch und Luthers Katechismus; Preuß biblische Geschichte.

Deutsch: Schmeißer Lehrbuch der Rhetorik; Echtermeyer Auswahl deutscher Gedichte; Hoffmann Grammatik; Heyse Leitfaden; Lesebuch von Hopf und Paulsiek und Lesebuch in Lebensbildern.

Englisch: Herrig british Class. Authors und dessen reading book; Wagner Grammatik; Plate Lehrg. I u. II.

Französisch: Herrig la France littéraire; Hitzel Grammatik; Plötz Schul- und Elementar-Grammatik; dessen lectures choisies; Seinecke secondes lectures.

Latein: Madvig Grammatik; Berger **Stilistik; Seyffert Materialien** und Uebungsbuch für Secunda; Tischer Uebungsbuch; Ostermann Uebungsbuch und Vocabularium; Gedike Lesebuch; Schulgrammatik von Siberti und Meiring; Spieß Uebungsbuch; Schröder Formenlehre.

Griechisch: Curtius Grammatik; Böhme Uebungsbuch zum Uebersetzen; Döhle Materialien; **Ostermann** Uebungsb.

Hebräisch: Hebräische Bibel; Gesenius Grammatik und Lesebuch.

Mathematik: Rottok Lehrbücher der Trigonometrie, Stereometrie, Planimetrie; Heis **Aufgabensammlung** und **Wockel** Sammlung geometrischer Aufgaben.

Naturwissenschaften: Müller Grundriß der Physik und Meteorologie; Schreiber Grundriß der Chemie; Cafselmann Leitfaden der Chemie; Heußi Experimental-Physik; Leunis Schul-Naturgeschichte.

Rechnen: Saß Rechenbuch II. und III. Theil.

Geographie: Wandkarten und Atlanten; Grundriß der mathematischen von Wiegand; der physikalischen von Cornelius; Seydlitz Schulgeographie und dessen Leitfaden.

Geschichte: Pütz Grundriß für die oberen Klassen; für die mittleren; Schuster Tabellen zur Weltgeschichte.

Schreiben nach Vorlagen.

Zeichnen: Maschinenzeichnen von Haindl; architektonisches von Köhler und Haenle; Ornamente von **Siegmann,** Hefner, Alteneck u. A.; Vorlagen von Weichhaupt, Guttütt, W. Pape, Günther, Hermes, **Obach** und Löfener; Wandtafeln von Troschel.

Singen: Sängerhain von Erk und Schulz; L. Selle **Gesanglehre.**

Zweiter Abschnitt: Unterrichtsmittel.

Die im Etat dazu ausgeworfenen Summen find auf folgende Weise verwendet:

a. Bibliothek.

Fortsetzungen. Poggendorff Annalen 1868; Brehm Thierleben; Schmitthenner Wörterbuch; Alberti Schriftsteller-Lexicon; Jarncke Centralblatt; Fleckeisen Jahrbücher; Stiehl Centralblatt für die gesammte Unterrichtsverwaltung in Preußen 1868; Wiese Verordnungen und Gesetze für die höheren Schulen in Preußen.

Neue Werke, zur klassischen Literatur Terenti Andria ed. Klotz; Homeri Odyss. ed. la Roche; Theocritus ed. Ahrens; Aeschyli Agamemnon ed. Keck; Cassius Dio ed. Bekker; Großberger Erziehung im Alterthum; Corssen Aussprache, Storz Lexicon Xenoph.; Huschke vom Studium; Rheinhards Album; — zur deutschen Literatur: F. Reuter Werke; C. Groth Quickborn; Freiligrath Gedichte; Bomhard Materialien; — zur Mathematik und Naturwissenschaft: Berkhan Analysis; Karmarsch mechanische Technologie; Tyndal Wärme; Zeuner Wärmetheorie; Darwin Varüren der Pflanzen; Bernstein naturwissenschaftliche Volksbücher; — zur Geschichte und Geographie: Stoll Geschichte der Römer; Friedländer Sittengeschichte Roms; Scherr Studien; Menzel der Krieg von 1868; Preußische Volksbücher.

An Geschenken erhielt die Bibliothek: Ascheron Urkunden zur Geschichte der Jubelfeier der Universität Berlin, vom Königl. Ministerium der Unterrichts ꝛc. Angelegenheiten; Forchhammer Gründung Roms, vom Herrn Verfasser, vom Herrn Conrector Lucht Petronius satyricon, Berlin 1785, Petronius sammt Nodots Ausfüllung, neu übersetzt Leipzig 1798, Holberg Nic. Klimii iter subterraneum, Focke's Schleswig-Holst. Erinnerungen und mehrere andere Schriften; überdies von einigen Verlegern etliche Schulbücher. Für diese und andere Geschenke den geehrten Gebern der verbindlichste Dank!

Durch den Programmenaustausch sind 1868 viele Schulschriften eingegangen von Nr. 136 bis 444, an Universitätsschriften von Nr. 22 bis 33.

Die Benutzung der Bibliothek von Seiten der Schüler war eine sehr erfreuliche.

b. Naturwissenschaftliche Sammlungen.

Angekauft: ein Rheostat nach Wheatstone; ein Zeigertelegraph; drei Platinelemente; Reagentien- und andere Gläser für das chemische Laboratorium, eine Zauberlaterne, eine astronomische Wandkarte von Wetzel und unter der Hand zu sehr moderatem Preise ein Spiegeltelestop von Hugo Schroeder in Hamburg 1858 gefertigt, ausgezeichnet durch große Farblosigkeit und Reinheit der Spiegel. Die freie Oeffnung des Concavspiegels ist 136^{mm}, der Focus desselben 1200^{mm}, der Focus des convexen Fangspiegels ist 525^{mm}, dessen Durchmesser 40^{mm}, die Länge des Fernrohrs beträgt 3 Fuß und die lineare Vergrößerung desselben ist 80$_{fg}$.

c. Sonstige Lehrmittel.

Außer den zum Gebrauch bestimmten Unterrichtsutensilien sind angeschafft: Für das Zeichnen: Gewerbehalle 1868, Troschels Zeichenschule Heft IV und VII. — Wandkarten: Rappard Palästina in 3 Exemplaren, Rheinhard Athenae, dessen Gallia, Holles Karte von Griechenland, von Italien bis zu den punischen Kriegen, von Italien seit den punischen Kriegen, von Italien im größten Umfang u. a. m.

Dritter Abschnitt: **Verfügungen von allgemeinerem Interesse.**

Darunter sind besonders folgende für unsere Schüler und deren Angehörige zu bemerken:

Schreiben der Ober-Post-Direction **zu Kiel** vom 3. November 1868, daß der Bedarf an **Posteleven** und Posterpedienten-Anwärter für längere Zeit bereits ausreichend gedeckt ist und in jüngster Zeit eingereichte Gesuche deshalb unberücksichtigt haben bleiben müssen. Das Directorium dieser Lehranstalt wird daher ersucht, die in nächster Zeit aus den oberen Classen abgehenden jungen Leute, welche etwa die Absicht hegen sollten, sich der Post-Carriere zu widmen, darauf aufmerksam zu machen, daß sie für jetzt **auf eine Annahme nicht** zu rechnen haben. Sobald nach Lage **der** Verhältnisse die Annahme junger Leute **für** den Postdienst wieder thunlich sein wird, soll hierüber eine behufige Mittheilung gemacht werden.

Rescript des Königl. Provinzial-Schulcollegiums vom 24. Novbr. 1868 betreffend die Erhebung der Realclassen in die Zahl der Realschulen erster Ordnung macht selbige abhängig von im vierten Abschnitt c. (S. 30) erwähnten Prüfungen, sowie von der ibid. a. (S. 27) angedeuteten Nothwendigkeit „für ein würdigeres Haus" zu sorgen.

Mittelst Circulairs des Königl. Provinzial-Schulcollegiums vom 4. Novbr. 1868 werden sämmtliche Directoren der Gymnasien **in** Schleswig-Holstein im Auftrage Sr. Excellenz des **Herrn Ministers** der Unterrichts-Angelegenheiten auf die Militair-Ersatz-Instruction für den Norddeutschen Bund vom 26. März 1868 hingewiesen, welche in §§ 151 **bis** 155 verschiedene neue und für **die höheren Lehranstalten** wichtige Bestimmungen enthält. **Selbige** sind abgedruckt in Wiese Verordnungen und **Gesetze** 2. Abtheilung S. 389—393. **Die für Schüler** unserer Anstalt **besonders** wichtigen Puncte betreffen die Nachsuchung der Berechtigung zum **einjährigen Dienst.**

(§ 151.) Diese Berechtigung darf nicht **vor** vollendetem 17. Lebensjahre und muß spätestens bis zum 1. Februar des Kalenderjahres nachgesucht werden, in welchem das 20. Lebensjahr vollendet wird.

(§ 152.) Dem Meldungsgesuch ist unter andern Scheinen ein Unbescholtenheitszeugniß beizufügen, welches für Zöglinge der höheren Schulen vom Director ausgestellt wird.

(§ 154) 1. Wer seine **wissenschaftliche** Qualification durch Schulzeugnisse nachweist, ist von der **persönlichen** Gestellung vor die Prüfungscommission entbunden.

2. **Diesen** Nachweis durch Atteste können nur führen:

   a. **Diejenigen,** welche von einem norddeutschen **Gymnasium** mit **dem vorschrifts-mäßigen Zeugniß** der Reife für die Universität versehen sind.

   b. **Die Schüler der als vollberechtigt anerkannten norddeutschen Gymnasien** und **Realschulen erster Ordnung** aus **den beiden obersten Classen,** die **Secundaner** jedoch **nur wenn** sie mindestens **ein** Jahr der Classe angehört, **an allen Unterrichtsgenständen Theil** genommen, sich das Pensum der **Unter-Secunda** gut angeeignet und sich gut betragen haben.

   c. **Die Schüler der als vollberechtigt anerkannten** norddeutschen Realschulen **zweiter Ordnung, welche mindestens ein Jahr die Prima** besucht, **an allen** Unterrichtsgegenständen Theil genommen, sich das Pensum der **Unter-Prima** gut angeeignet und sich gut betragen haben. — Die Zeugnisse hierüber müssen von der Lehrer-Conferenz festgestellt sein.

   5. giebt das Schema für die betreffenden Zeugnisse.

(§ 155) betrifft die Darlegung der wissenschaftlichen Qualification, durch Examen, wenn selbige nicht durch Schulatteste (§ 154) nachgewiesen ist.

Vierter Abschnitt: Zur Statistik und Geschichte.

a. Das Gymnasial-Gebäude.

Die meisten Lehrzimmer sind im Verhältniß zu der Schülerzahl theils zu klein, theils mißgestaltet, theils ungünstig beleuchtet; für die Bibliothek, mathematische Instrumente, physicalische Apparate, naturhistorische Sammlungen, sowie für andere Lehrmittel genügen die dazu bestimmten Räume nicht; der Hofraum ist als Spielplatz und für die gymnastischen Uebungen unzureichend, und zu Schulfeierlichkeiten fehlt die Aula.

Wenn auch der Ruf einer Schule nicht vom Schulhause abhängt, ein Prachtgebäude als ein solches noch nicht eine gute Schule garantirt, und in weit schlechteren Räumen oft ausgezeichnete Männer gebildet sind, so erlaubt sich Unterzeichneter doch aus einem Rescripte des Königl. Provinzial-Schulcollegiums vom 24. Novbr. v. J. folgenden Passus hier mitzutheilen: „— Noch machen wir darauf „aufmerksam, daß es nöthig sein wird, wenn die Anstalt zu einer Realschule erster Ordnung erhoben „werden soll, für ein würdigeres Haus zu sorgen, in welchem namentlich ein Zeichensaal, eine „Turnhalle und ein Versammlungssaal für die öffentlichen Prüfungen, die gemeinsame Andacht u. f. w. nicht fehlen dürfen."

Aber der Kostenpunct?

b. Die Lehrer und Beamten.

Auf das im vorigen Jahresbericht erwähnte Gesuch des zur Wiederherstellung seiner Gesundheit abwesenden zweiten Adjuncten C. Scheer um Prolongation seines Urlaubs für ein zweites Jahr ist ein gewieriger Bescheid eingegangen und von guten Folgen begleitet gewesen. Den 30. Novbr. v. J. macht nämlich Herr Scheer von Rom aus die Mittheilung, „daß einem Wiedereintritt in den Schuldienst zu Ostern dieses Jahres nichts mehr im Wege stehe, daß sein Brustleiden gehoben und er selber als genesen der ärztlichen Behandlung entlassen" In Folge dieser erfreulichen Nachricht wird die Wirksamkeit des als Hülfslehrer hier fungirenden Schulamtscandidaten Herrn J. Krey mit dem Schluß des laufenden Winterhalbjahrs aufhören. Zu derselben Zeit wird der Candidat der Theologie Herr A. F. R. Branmann, welcher seit Ostern v. J. als Hülfslehrer hier in Religion, Geschichte und Geographie unterrichtet hat, ausscheiden. Beide Lehrer haben mit Eifer und Gewissenhaftigkeit ihre im Amtsexamen bewährten Kenntnisse zum Besten der Schüler zu verwerthen gestrebt.

Einen bedeutenden Verlust an Lehrkraft erlitt das Gymnasium am Ausgange des Sommerhalbjahrs durch die Erwählung des Religionslehrers H. Th. J. Beckmann zum Prediger in der Gemeinde Westensee. Ein Schüler unserer Anstalt ward er am 2. Novbr. 1863 von der K. K. Statthalterschaft als vierter Collaborator constituirt und unterm 28. Juli 1866 zufolge Allerhöchster Autorisation vom Oberpräsidenten für Schleswig-Holstein, Herrn Baron v. Scheel-Plessen definitiv für diese Stelle ernannt und bestallet. Sein Wunsch, in späteren Jahren in den Kirchendienst zu treten, ward bei den für Theologen günstigen Conjuncturen zum Bedauern unserer Schule gar zu früh erfüllt, die einen so eifrigen und gewissenhaften, wie kenntnißreichen und beliebten Lehrer ungern verlor.

Ungeachtet der Schwierigkeit einen geeigneten Religionslehrer namentlich der Oberclassen zu finden und wegen der knappen Besoldung lange zu behalten (in 14 Jahren haben 10 Theologen diesen Unterricht ertheilt!), ist es gelungen einen Mann für die vacante Stelle zu gewinnen, der bereits 6 Jahre im Predigtamt gestanden und in den Schuldienst einzutreten wünschte. Herr Gustav Paul, geboren in der Stadt Weimar, zuletzt drei Jahre Pfarrer im Großherzoglich Sachsen-Weimar- schen Marktflecken Helmershausen, ward unter hoher Genehmigung des Königl. Ministeriums für geistliche, Unterrichts- 2c. Angelegenheiten den 23. Septbr. v. J. zum vierten Collaborator, vor- zugsweise als Religionslehrer, mit einem festen Gehalt von 900 Thalern, jedoch ohne Antheil am Schulgelde ernannt, unterm 21. Novbr. v. J. vom Königl. Provinzial-Schulcollegium für Schleswig- Holstein bestallet und am 28. s. Monats vom Gymnasial-Director vereidigt.

Da die unterm 15. Februar v. J. gegründete neue (13te) ordentliche Lehrerstelle mit einem jährlichen Gehalt von 500 Thalern bis jetzt noch unbesetzt geblieben war, hat Berichterstatter mittelst Rescripts vom 24. Febr. d. J. die Anzeige erhalten, daß das Königl. Provinzial-Schulcollegium dem Schulamtscandidaten Herrn Dr. Carl Walter aus Waren in Mecklenburg-Schwerin (dessen Zu- lassung zur Ableistung des pädagogischen Probejahres von des Herrn Ministers Excellenz genehmigt worden) gleichzeitig die interimistische Verwaltung der letzten ordentlichen Lehrerstelle gegen die für diese Stelle ausgeworfene Remuneration übertragen hat.

Abgesehen von einzelnen kleinen Unpäßlichkeiten haben sämmtliche Lehrer mit Ausnahme des Subrectors ihrem Lehramte vorstehen können und selbst die wichtigeren Stunden des seit Neujahr krän- kelnden Dr. Marßen thunlichst auszufüllen sich bereit gefunden, zumal die Genesung von Woche zu Woche erhofft wird.

Schließlich ist hier noch zu bemerken, daß das Königl. Provinzial-Schulcollegium den Rechnungs- führer des Real-Gymnasiums, Herrn P. H. Lorenzen, welcher seit 1848 diesen Posten bekleidete, auf dessen Ansuchen vom 1. April d. J. an gerechnet, entlassen und im Entlassungspatent vom 5. Jan. d. J. demselben bei dieser Gelegenheit seine „volle Anerkennung für langjährige treue Pflichterfüllung" ausgesprochen hat. Unter selbigem Datum ist der hiesige Kaufmann Herr Carl Heinrich Wieck vom 1. April d. J. an gerechnet zum Rendanten an der Casse des Gymnasiums in Rendsburg bestellt.

c. Schülerzahl.

Nach dem Schluß des vorigen Schuljahres blieben 175 Schüler in der Anstalt, dazu wurden bei der Eröffnung des laufenden Jahres 51 neu aufgenommen und im Verlauf des Sommers noch 5, somit stieg die Maximalziffer der Gesammtanstalt auf 231. Von denselben waren der Confession nach 222 lutherisch, 2 katholisch und 7 Israeliten; der Heimat nach aus dem Schulort 133, aus- wärtige 98, und nach Classen also vertheilt:

	I.	II.	III.	IV.
a. in Gymnasialclassen	7.	9.	19.	14.
b. in Realclassen	3.	12.	46.	39.
c. in gemeinschaftlichen Classen	V. 34;	VI. 48.		

Von diesen gingen während des Sommersemesters und am Schlusse desselben im Ganzen 25 ab.

Wegen der Schwierigkeit mittelst kostspieliger Universitätsstudien bald eine oft nur knapp besoldete Anstellung zu erhalten, werden manche Jünglinge aus ökonomischen Gründen veranlaßt andere practische

Lebensrichtungen einzuschlagen. Deßhalb beschloß schon Michaelis 1867 der Gymnasial-Primaner Christian Franz Hinrich Marquard Marxsen aus Rendsburg die Buchhandlung zu erlernen, und zu Anfang des verflossenen Sommersemesters ergriff Immanuel Peter Ludwig Schroedter, geboren in Burg auf Fehmarn, welcher selbst nach bestandener Abiturientenprüfung noch bis weiter an dem Unterricht in Gymnasial-Prima Theil nehmen wollte, die ihm dargebotene Gelegenheit als Post-eleve in den Postdienst einzutreten. In dasselbe Fach ward der Gymnasial-Primaner Johannes Georg Carl Müller aus Brunsbüll in Angeln als Posteleve aufgenommen, da er Michaelis 1868 nach bestandener Abiturientenprüfung mit dem Zeugniß der Reife entlassen war. Einen wohlgesitteten, fleißigen Knaben verloren wir durch den Tod: J. G. C. Asmus aus Neumünster, der erst Ostern 1868 in die Real-Quarta aufgenommen worden war, starb den 31. August an Gehirnentzündung. Einige Schüler verließen diese Anstalt, um in kürzester Zeit in desfälligen Instituten zum Fähndrichsexamen gefertigt zu werden, andere gingen über auf andere Gymnasien und höhere Realschulen. Zu den 206 übriggebliebenen wurden 14 neue aufgenommen, so daß die Maximalfrequenz des laufenden Winter-halbjahrs **220** beträgt, davon waren 212 lutherischer, 1 katholischer und 7 jüdischer Confession; 118 aus Rendsburg und 102 auswärtige; es saßen

    in Gymnasial-Prima   5; in Real-Prima   3; in der gemeinschaftlichen Quinta 41;

    „   „   Secunda 10; „ „ Secunda 16; „   „   „   Sexta 37;

    „   „   Tertia 20; „ „ Tertia 43;

    „   „   Quarta 15; „ „ Quarta 30;

Während des Winters sind bis jetzt 4 abgegangen und zur Abiturientenprüfung haben sich folgende 3 gemeldet: Die Gymnasial-Primaner Carl Friedrich Andreas Lau aus Rendsburg, und Herrmann Frie-drich Wilhelm Bechtmann aus Meldorf, sowie der Real-Primaner Hellmuth Johannes Ludwig von Moltke, geboren auf dem Gute Geerstorf in Mecklenburg-Schwerin.

d. Schulzeit und Ferien.

    Das Sommersemester ward nach Ablauf der 14tägigen Osterferien eröffnet, am 20. April wurden die neu aufzunehmenden Schüler geprüft und am folgenden Tage begann der Unterricht. Derselbe, nur durch die Pfingstwoche sowie durch die Sommerferien vom 19. Juli bis 9. August unterbrochen, dauerte bis zum 2. October. — Das Winterhalbjahr fing den 12. October an und wird nur mit Unter-brechung der 14tägigen Weihnachtsferien bis 23. März dauern.

e. Chronik der Anstalt.

    Das Stilleben der Schule bietet selbstverständlich wenig Mittheilungswerthes dar, nur der Tag des Vogelschießens der Schüler (v. J. am 9. Juli) giebt Anlaß zu einem Volksfest der ganzen Stadt, aller Stände und der gesammten Familie.

    Der nunmehr in Ruhestand versetzte Inspector der höheren Schulanstalten des Herzogthums Holstein, Herr Professor Horn, inspicirte die Schule vom 9. bis 13. Juni, sowie der Königl. Pro-vinzial-Schulrath Herr Professor Sommerbrodt eine eingehende Inspection der beiden Oberclassen der Realabtheilung vom 3. bis 6. Novbr. anstellte, an welcher Se. Excellenz der Herr Oberpräsident Baron v. Scheel-Plessen den ersten Vormittag Theil nahm. In dem Wunsche wo möglich mit dem Anfang des neuen Schuljahres 1869/70 in Stand gesetzt zu werden, die Erhebung der Realclassen des Gymnasiums in die Zahl der Realschulen erster Ordnung höheren Ortes zu beantragen, hat

das Königl. Provinzial=Schul=Collegium mittelst Rescripts vom 24. Novbr. 1868 ben Director beauf=
tragt in der letzten Woche des Januars und des Februars sowohl eine schriftliche als mündliche Prüfung
in 6 verschiedenen Fächern zu veranstalten und die darüber aufgenommenen Protocolle, sowie die schrift=
lichen Arbeiten der Schüler an Hochgedachtes Collegium einzusenden.

I. Prämien, Benefizien, Stipendien.

1. Prämien.

Durch das Königliche Provinzial=Schulcollegium hat unterm 8. October 1868 das Directorium
ein Exemplar der zur Feier der Enthüllung des Luther=Denkmals in Worms gefertigten großen
Gedächtnißmedaille, von welcher Se. Majestät der König eine Anzahl ankaufen und Sr.
Excellenz dem Herrn Minister v. Mühler zu Ueberweisung als „Prämien an würdige Schüler"
zustellen zu lassen geruht haben. Zu einer zweckentsprechenden Verwendung wird dieses Andenken Königl.
Huld und Gnade noch bis weiter im Directorial=Archiv verwahrt.

2. Benefizien.

Die Grundsätze der Wohlthat des ganz freien oder eines halbfreien Unterrichts sind
in der Lehrerconferenz den 4. November 1854 festgesetzt:

α. die Kinder der Lehrer sind frei;

β. bei den übrigen Schülern ist gänzlicher Erlaß bedingt durch notorisches Unvermögen der
Eltern, durch unzweifelhafte Anlagen, entschiedenen Fleiß und musterhaftes Betragen;

γ. Ermäßigung wird vornehmlich hülfsbedürftigen Wittwen, besonders der Beamten, sowie
Eltern, die mehrere Kinder zu gleicher Zeit auf das Realgymnasium schicken, jedoch nur
unter den sub β. angegebenen Bedingungen;

δ. Bei der Verleihung ist unerachtet der erforderten Einstimmigkeit der Lehrer die Milde vor=
waltend. Gegenwärtig genießen acht Schüler dieses Benefizium.

3. Stipendien.

Unsere Anstalt erfreut sich nur des „Rendsburger Sparkassen=Stipendiums" zum Belauf
von 60 Thalern. Das Verleihungsregulativ vom 31. Januar 1862 steht im Programm selb. Jahres
Seite 29. — Nach § 12 muß der Abgehende die Maturitätsprüfung bestanden und in derselben das
Prädikat „reif" oder den „2. Character" erhalten haben (d. h. die Reife mit dem Prädikat „gut"
bestanden), nach § 13 entscheidet nicht der höhere Grad der Dürftigkeit, sondern die entschieden größere
Würdigkeit, gegründet auf sittliches Betragen, Kenntnisse, Talent und Energie des Geistes.

Da dasselbe zu Ostern vorigen Jahres nicht vergeben ward, hat das Lehrercollegium es dem
Studiosus Beckmann noch auf ein 2tes Jahr bis Ostern 1869 verliehen. Jetzt haben sich die Abitu=
rienten Lau und Bechtmann darum beworben.

Fünfter Abschnitt: Oeffentliche Schulfeierlichkeiten.

1. Den höchsterfreulichen Geburtstag Sr. Majestät des Königs wird das Realgymnasium
aus Mangel an einer Aula in der „Tonhalle" Sonnabend, den 20. März, um 1 Uhr durch
einen öffentlichen Redeact feiern. Die Festrede ist dem Herrn Conrector Lucht übertragen worden.

II. Die **öffentliche Prüfung** sämmtlicher Classen wird in folgender Ordnung stattfinden:

Montag, den 22. März.

Vormittags: Von 9—10 **Gymnasial-Secunda**: Religion, Collaborator Paul.

Cicero, Collaborator Dr. Bohstedt.

= 10—11 **Gymnasial-Prima**: Plato, Director.

Deutsche Literatur, Conrector Lucht.

= 11—12 **Gymnasial-Tertia**: Mineralogie, Collaborator Gerstenberg.

Caesar, Conrector Lucht.

Nachmittags: Von 2—3 {**Real-Prima** / **Real-Secunda**} comb {Mathematik, Rector Dr. Rottok.

Englisch, Adjunct Dr. Schulthes.

= 3—4 **Real-Tertia**: Englisch, Adjunct Dr. Schulthes.

Rechnen, Adjunct Ferchen.

Dienstag, den 23. März.

Vormittags: Von 9—10 **Sexta**: Religion, Adjunct Ferchen.

Latein, Conrector Lucht.

= 10—11 **Quinta**: Deutsch, Hülfslehrer Branmann.

Latein, Hülfslehrer Krey.

= 11—12 **Gymnasial-Quarta**: Griechisch, Adjunct Cruse.

Mathematik, Adjunct Ferchen.

= 12—1 **Real-Quarta**: Französisch, Collaborator Dr. Berblinger.

Geographie, Hülfslehrer Branmann.

Zu freundlicher Theilnahme an beiden Actus werden die Eltern und Angehörigen unserer Schüler, das Officiercorps, die geistlichen und weltlichen Beamten, sowie alle Freunde dieser Lehranstalt geziemend eingeladen.

Sechster Abschnitt: Anmeldung und Prüfung neuer Schüler.

Die Frühlingsferien dauern diesmal vom 24. März bis 7. April (incl.). Für Entgegennahme von Anmeldungen **neuer Schüler** ist Unterzeichneter in seiner Wohnung (Paradeplatz No. 344) **Sonnabend, den 27. März** von 9—4 Uhr zu treffen. Die Aufnahmeprüfung findet **Donnerstag, den 8. April** um 9 Uhr im Gymnasialgebäude Statt und der Unterricht des Sommersemesters beginnt **Freitag, den 9. April** um 8 Uhr.

Frandsen.

www.ingramcontent.com/pod-product-compliance
Lightning Source LLC
Chambersburg PA
CBHW032144080426
42733CB00008B/1201